Lebenschancen nutzen Lebensfallen vermeiden

W0349667

Auf der Suche nach dem Sinn des Lebens

Dieter Strecker

Impressum

Autor
Dieter Strecker

Verlag
Printsystem Medienverlag, 71296 Heimsheim
www.printsystem-medienverlag.de

Druck
Printsystem GmbH, 71296 Heimsheim
www.printsystem.de

Buchgestaltung
Grafik- und Designstudio der Printsystem GmbH

Copyright
Nachdruck verboten. Gleiches gilt für Vervielfältigungen, Übersetzungen, Ablichtungen jeglicher Art und Verarbeitung mit elektronischen Systemen.

1. Auflage, Dezember 2015

Der Umwelt zuliebe gedruckt auf umweltfreundlichem, chlor- und säurefrei gebleichtem Papier.

ISBN 978-3-945833-47-6

Inhalt

Vorbemerkung

Ich wähle zwei Personen, die nach meiner Meinung in einem Dialog gut herausstellen können, was unserem Leben einen positiven Sinn gibt, um Lebenschancen zu nutzen. Um eine gute Lesbarkeit zu gewährleisten, sind die Dialoge der beiden Personen in unterschiedlichen Schriftbildern gesetzt. Geschichten, die innerhalb des Dialogs erzählt werden, sind ebenfalls grafisch abgesetzt.
Am Beginn jedes Kapitels erfahren Sie in groben Zügen, um was es gehen wird.
Am Ende jedes Kapitels gibt es eine Nachbemerkung.

Die entscheidende Frage

Es ist mir eine Freude und Ehre, dass du mich aufsuchst, damit ich dir helfe. Allerdings weiß ich nicht, was ich für dich tun kann. Du bist kompetent, du hilfst vielen Menschen mit deiner Klugheit und deinem Einfühlungsvermögen. Ich kann mir beim besten Willen nicht vorstellen, was dir fehlen soll.

Mir fehlt etwas, das weiß ich. Was ich nicht weiß ist, was mir fehlt. Ich könnte zufrieden sein, aber ich bin es bei allem Erfolg – Erfolg in Anführungsstrichen – leider nicht. Hilf mir bitte, das Fehlende herauszufinden. Meine Seele ist übervoll von Schmerz. Das Bild von mir, das ich mir mache, stimmt nicht für mich selbst. Und irgendwann merken die Menschen, die zu mir kommen, dass ich meine eigene Schöpfung nicht mehr mag und sie deshalb bekämpfe. Ich bin innerlich leer und frage mich warum.

Auch Therapeuten (Ärztinnen und Ärzte) befinden sich manchmal in einer Lebenskrise und benötigen Hilfe. Bisweilen haben diese Menschen den Mut, sich an einen Kollegen zu wenden. Hin und wieder sind diese „Hilflosen Helfer“ auf den Patienten/Klienten angewiesen – und holen sich indirekt von dort Hilfe, Anregungen und Verständnis.

So nicht! – Gott und die Gebote

Sie erfahren in diesem Kapitel, dass manches Gottesbild wenig hilfreich ist und dass die Gebote oft falsch verstanden werden.

Beschreibe dich mal.

Und wen soll ich beschreiben? Den Mann von damals oder den Mann von heute?

Beginne bitte in Zukunft keinen Satz mit „und“! Wer bist du und wohin willst du?

Ich bin, der ich bin.

Du bist auch, der du warst und du bist, der du wirst.

Ich bin ein anderer Mensch als damals. Ich habe mich verändert.

Es wäre wahrlich bedenklich, wenn du dich nicht verändert hättest. Erinnere dich doch bitte an Berthold Brecht und seine Geschichte von K., der auf der Straße einen Bekannten traf, welcher ihm mitteilte: „Sie haben sich überhaupt nicht verändert.“ Da erschrak aber Herr K.

Was ich weiß ist, dass die Menschen sich ihre Gesetze selbst schaffen und das dies kein übergeordnetes Wesen macht, Gott zum Beispiel.

Also brauchen wir keinen Gott?

Ich brauche keinen Gott, um das Gute und das Böse an einer höheren Macht festzumachen. Ich glaube an den Nutzen des Glücks für viele Menschen. Ich will mich nicht auf eine Figur konzentrieren, die alles Wunderbare in sich vereinigt. Früher wurde mir eine Moral aufgezwungen, in der der Körper eine Strafe ist. Ich meine: meine körperlichen Bedürfnisse, oder die Erde ein Jammertal, das Leben eine Folge von Katastrophen. Das Vergnügen war eine Sünde und ein Grund zur Verdammnis.

Wer sagte dir das, dein Vater?

Nein, der Pfarrer, der auch mein Religionslehrer auf dem Gymnasium war und meine Mutter.

Willst du von ihr erzählen?

Nein, jetzt nicht, später dann auf jeden Fall.

Auch ich habe lange Zeit an das Paradies im Himmel geglaubt. Und jetzt glaube ich daran, dass es eine Wunschvorstellung ist, die auf Erden verwirklicht werden kann.

Du warst doch früher auch Pfarrer?

Pfarrer bin ich heute noch, also ich bin und bleibe ordiniert, kann Taufen, Hochzeiten und Beerdigungen gestalten, was ich gelegentlich auch tue. Pfarrer einer Gemeinde war ich nur drei Monate lang, dann wurde ich nach oben katapultiert, wurde Professor für Theologie, Pädagogik und Psychologie. Was mir auch recht war, denn in mir wuchs mein Zweifel an der offiziell zu verkündigenden „frohen Botschaft“. Mehr und mehr dachte ich: das sind erfundene Geschichten, an die ich nicht glauben muss, zumal sie widersprüchlich sind.

Nenn mir bitte ein Beispiel!

Nun, da gibt es das Gebot: „Du sollst nicht töten.“, was ich für richtig halte. Aber im Alten Testament befiehlt Gott das Töten. Gott oder seine Israelis töten Tausende von Kanaanitern.

Vielleicht galt das Gebot nur für die Israelis, also das eigene Volk, das sich untereinander nicht töten soll.

Guter Versuch, aber nicht schlüssig. Ich will auf keinen Fall an einen Gott glauben, den wir Menschen nach ihrem Vorbild erfunden haben, einen gewalttätigen, zornigen, rachsüchtigen und intoleranten Gott.

An welchen Gott glaubst du denn?

Diese Frage möchte ich jetzt nicht beantworten, aber ich kann dir einen Traum erzählen: Im Traum forderte mich jemand auf, in die Wüste zu gehen. Dort würde ich Gott finden. Die Wüste war leer und heiß. Ich hatte Durst. Da fing es an zu regnen, und ich konnte trinken. „Geh weiter“, sagte die Stimme im Traum. Vor einer Oase sagte die Stimme: „Und nun beerdige dich.“ Ich grub ein Grab und beerdigte mich selbst. Ich wachte auf, weil ich aufs Klo musste. Danach beschloss ich, im Bett weiter zu träumen. Ich wollte mich wieder ausgraben, aber ich fand weder mich noch die Oase.

Dein altes Ich ist also verschwunden.

Im Traum ist mein altes Ich tot und darüber bin ich froh.

Hast du noch Erinnerungen an dein altes Ich, an dein altes Leben?

Leider noch ein Unzahl an Erinnerungen, viele sind schlimm, aber einige auch schön. Mir fällt eine schöne Erinnerung ein. Mein Deutschlehrer sagte einmal: „Wenn ihr das Leben meistern wollt, dann empfehle ich euch, häufiger ‚sowohl als auch' zu sagen statt ‚entweder – oder'." Von ihm habe ich auch gelernt, bei einem Wunsch oder einem Befehl „weil" zu sagen.

Aber nun beschreibe dich, wie du früher warst.

Ich denke, ich war wahrhaftig, ehrlich, unprätentiös, liebevoll, nicht egozentrisch, hilfsbereit …

Und heute? – Warum schweigst du?

Ich denke an früher, denke daran, dass ich das Gift getrunken habe, freiwillig getrunken habe, von dem ich annahm, es würde mir helfen.

Wobei helfen?

Die Tochter von meinem damaligen Schwiegervater zu gewinnen, der mich massiv ablehnte, weil ich zu „links" war, zu revolutionär. Und weil ich glaubte, die „christliche" Einstellung von ihm und meiner späteren Schwiegermutter wäre sinnvoll und notwendig.

Hat es denn deine Not gewendet?

Nein, aber mein altes Ich konnte damals nicht erkennen, dass diese Religion darauf abzielte, der Welt und der Freuden des Diesseits zu entsagen. Sie und der Pfarrer der dortigen Gemeinde haben ein fiktives Jenseits gepriesen. Es gab einen Kult des Todes, besonders am Karfreitag. Sie haben vergessen, wie wichtig es ist, Tag für Tag zu leben. Den Tod kann auch diese Art von Religion nicht verhindern.

Rede bitte weiter.

Letztlich habe ich damals meine Intelligenz verraten und lief Gefahr, schon vor meinem eigentlichen Tod mitten im Leben zu sterben. Heute weiß ich: es geht um das Leben im Hier und Jetzt. Ich weiß auch, dass es keinen Fluch gibt, der auf mir ruht. Ich habe dann E. geheiratet und lebte in einer Welt der Verbote, auch der sexuellen Verbote. Offensichtlich wollte E. durch Verbote meinen Gehorsam prüfen und hielt damit auch meinen Körper in Schach, meine natürliche männliche Lust.

Bleiben wir beim Thema Theologie und dem Thema Gott.

Nun gut. Gott – oder wie immer dieses Wesen im Alten Testament genannt wurde. Mir war schon immer der Satz aus dem Vaterunser suspekt, der da lautet: „Dein Reich komme." Heute ist mir wichtig zu sagen, dass das Reich Gottes, das Reich der Liebe und der Angstfreiheit zu uns kommen möge. Jahwe hat nichts diktiert, schon gar nicht in einer Schreibweise, die da lautet, dass wir in sein Reich kommen. Tatsache ist, dass die Schrift, die zur dieser Zeit von Moses überhaupt nicht existierte, von irgendjemand geschrieben oder verfasst wurde. Also kann dieser Jahwe auch Mose nicht die 10 Gebote auf dem Berg Sinai diktiert haben. Die Bibel selbst soll ja wohl alles enthalten. Wobei sie alles blockiert, was nicht in ihr steht, was ein Bannfluch für alle Wissenschaftler bedeutet, die mit ihrer Vernunft arbeiten. Es ist dumm, neurotisch und idiotisch, zu glauben, dass Gott allein beschließt und das Leben gestaltet. Und die Kirche irrt, sagt die Unwahrheit und scheitert.

Das sind deutliche Worte, die du sprichst. Sind es allein deine Erkenntnisse?

Es sind nicht meine Erkenntnisse allein. Vieles habe ich von Nietzsche und von Onfrey gelernt und in meine Sprache übersetzt.

Ich möchte mehr hören und erfahren.

Nun denn, so sei es. Ich beurteile die Welt nach dem Hier und Jetzt, was bedeutet, dass ich das Paradies nicht in den Vordergrund stelle, sondern die Erde. Ich hoffe nicht auf das Jenseits, habe keine Sehnsucht nach dem Himmelreich, noch entzückt mich die Krippe. Sonst müsste ich im Hier und Jetzt verzweifeln.

Und das Paradies auf Erden?

Hier auf Erden wird von keiner Religion das Paradies als eine wunderschöne, verlockende Welt beschrieben, sondern in den Himmel verlagert. Damit wir das harte Leben auf von der wirklichen Welt ertragen. Im biblischen Kontext und im Islam fließen überall im Himmel wunderbare Speisen, es gibt Geschöpfe mit eigenen sexuellen Bedürfnissen. Hier auf Erden sind sie Mütter oder gehorsame Gattinnen, und es gibt den Kampf um das tägliche Brot.

Der Glaube an einen allmächtigen, einen strafenden und Sie prüfenden Gott kann Sie in eine Lebensfalle führen, weil Sie dann den Sinn Ihres eigenen sinnvollen Lebens verlieren. Gott ist weiter, als wir denken können. Gott ist anders. Was den „normalen" Glauben betrifft, so empfehle ich: Killen Sie Ihre Lieblingstheorien! Mit einem Lasso nämlich können Sie keine Maus fangen. Die Nachahmung dieses Glaubens ist eine plumpe Form des Respekts. Haben Sie – trotz allem – Vertrauen in die Vernunft.

Die Fabel vom Seepferdchen

Sie erfahren in diesem Kapitel, dass es eine böse Lebensfalle ist, nicht genau hinzuschauen, und dass manche Angebote in den Tod führen.

Sprechen wir nun bitte von deinem Ich.

Von meinem alten Ich oder von meinem neuen?

Vorerst von deinem alten Ich, wobei wir vielleicht zu der Erkenntnis kommen, dass es kaum einen Unterschied gibt.

Doch! Ich will von meinem alten Ich sprechen, von den Fehlern, die ich einmal gemacht habe und die mich daran hinderten, ein neues Ich zu gebären. Mein größter Fehler war, dass ich nicht genau hingeschaut habe und leider nur das gesehen habe, was ich sehen wollte – wie bei einer Fata Morgana.

Vielleicht hilft dir die Geschichte vom Seepferdchen, welches ähnliche Fehler macht, wie du sie wohl gemacht hast:

> Es war cinmal ein Seepferdchen. Das nahm eines Tages seine 7 Taler und machte sich auf den Weg, sein Glück zu suchen. Es war noch gar nicht weit gekommen, da traf es auf einen Aal, der das Seepferdchen ansprach: „Pst, hallo Kumpel, wohin des Wegs?" – „Stör mich nicht", antwortete das Seepferdchen, „ich hab's eilig, bin auf dem Weg, mein Glück zu suchen." – „Dabei kann ich dir helfen", sprach der Aal. „Für,

sagen wir mal, 4 Taler verkaufe ich dir meine Flossen, dann kannst du mit doppelter Geschwindigkeit durch das Meer brausen, um dein Glück zu suchen." – „Gute Idee", antwortete das Seepferdchen, bezahlte und glitt mit doppelter Geschwindigkeit durch das Meer. Wiederum war es nicht weit gekommen, da begegnete ihm ein Schwamm, der ihn auch ansprach und nach dem Ziel seiner Reise fragte. Er nannte es dem Schwamm, der ihm sein schnelles Düsenboot für 3 Taler anbot, damit es schneller an sein Ziel komme. Auch dieses Angebot nahm das Seepferdchen an, bezahlte mit dem letzten Rest seines Geldes und glitt mit vierfacher Geschwindigkeit durch das Meer. Nun begegnete dem Seepferdchen ein Hai, der es wegen dessen Eile fragte, wohin denn der Weg ginge. „Ich bin auf dem Weg, mein Glück zu suchen." – „Da kann ich dir helfen", meinte der Haifisch. „Wenn du diese kleine Abkürzung benutzen möchtest, sparst du dir eine Menge Zeit.", und deutete auf seinen geöffneten Rachen. – „Ei, vielen Dank, mach ich gerne", antwortete das Seepferdchen, glitt in das Innere des Haifischmauls, um dort verschlungen zu werden.

Und die Moral dieser Geschichte lautet deshalb: wenn du nicht genau weißt, wohin du möchtest, landest du oft da, wo du überhaupt nicht hinwolltest.[1]

1 Aus: Robert F. Mager, Lernziele und Programmierter Unterricht, Verlag Julius Beltz, Weinheim 1965

Ich habe verstanden und danke für deine Hilfe. Das Seepferdchen hat den großen Lebensfehler begangen, das zu sehen, was es wollte. Ein Aal hat ja keine Flossen, und ein Schwamm ist wahrlich kein Düsenboot. Geschwindigkeit ist im Leben nicht alles. Ein Kalenderspruch von Mahatma Gandhi lautet: „Es gibt im Leben mehr zu tun, als dessen Lauf zu beschleunigen." Was mich betrifft, so geht es mir nicht um das Glück, sondern ich wünsche mir für mein Ich eine positive Lebenseinstellung in der Hoffnung, meine Lebenseinstellung sei dann so reichlich vorhanden wie das Wasser.

Bitte ersetze das Wort „Glück" durch ein anderes, was dich zufriedenstellt.

Du sagst es gerade: „Zufriedenheit"; und ich ergänze: es kommt mir nicht auf Macht an oder darauf, „immer" gewinnen zu müssen, sondern eher auf das Vermeiden von Angst. Natürlich geht es mir in meinem Leben auch um Erfolg, von dem ich weiß, dass ich nur dann erfolgreich sein kann, wenn einen großen Vorrat an Selbstdisziplin besitze. Letztlich strebe ich nach möglichst langem Wohlbefinden.

Definiere "Wohlbefinden".

Wohlbefinden ist ein positives Gefühl, das glücklich um der Sache selbst willen macht. Wohlbefinden finde ich in positiven Beziehungen, auch im Erfolg, im inneren Frieden, im Frieden mit anderen Menschen, überhaupt im Leben, in der Dankbarkeit, in der Resilienz, in der Selbstachtung, auch aber nicht unbedingt in der Zielerreichung. Ich habe übrigens einmal darüber ein Gedicht geschrieben: „Je näher du dem Ziel kommst, desto schmerzhafter wirst du spüren, dass du das Ankommen nicht brauchst."

Ich möchte noch einmal auf das zurückkommen, was du deine „Fehler" genannt hast. Nun gut, es gab Fehler. Hatten diese nicht auch Vorteile?

Ja gewiss, zum Beispiel haben sie mich klüger gemacht. Was nicht bedeutet, dass ich nicht erneut in eine ähnliche Falle getappt bin, zum Beispiel in der Liebe.

Möchtest du darüber sprechen?

Ja, aber nicht jetzt.

Du bist doch ein kluger Mann, ein Dr. phil. Hat dir die Philosophie nicht dabei geholfen, keine oder weniger Fehler zu machen?

Ja, ich bin ein kluger Mann, bin promovierter Philosoph. Dennoch habe ich Fehler gemacht, obwohl ich klug bin.

Welcher Philosoph hätte dir denn helfen können?

Seneca vermutlich, wenn ich seine klugen Gedanken hätte umsetzten können. Gedanken wie jenen, sich zufrieden zu geben mit den Umständen, auch wenn sie unbefriedigend sind. Oder sich nicht von meiner männlichen Lust knechten zu lassen. Oder sich ständig um das Zukünftige zu sorgen.

Es steht auch bei Seneca, dass Wohltaten zu tun, glücklich macht. Nach meinem Wissen hast du vielen Menschen wohlgetan, Wohltaten verschenkt.

Mag sein, wobei mir wenige dafür gedankt haben, noch nicht einmal meine Ex-Frau oder meine Tochter. Mir war es ein Leben lang wichtig, anderen eine Freude zu machen. Letztlich hätte ich bei der Philosophie bleiben und vorher das Buch von Schmid über die Gelassenheit lesen sollen. Vielleicht hätte ich daraus eine neue Identität gewonnen. Immerhin habe ich bei aller Tristesse in der Vergangenheit meine Würde behalten und kämpfe dagegen an, dass die Vergangenheit die Gegenwart definiert. Wobei ich mich immer noch vom Lob anderer abhängig mache – oder von der Liebe.

Es ist leider so: wenn du einen anderen Menschen liebst, setzt du dich der Gefahr einer schmerzhaften Trennung oder eines Verlustes aus. Die Liebe ist keine Wanderung über eine grüne Wiese.

Was also bedeutet: such dir Dinge und Menschen, die du nicht verlieren kannst, bewahre dabei Anstand und beweise Mut. Aber ich habe mich offensichtlich selbst überschätzt, und diese Selbstüberschätzung tauchte wie aus dem Nichts auf – dann oder dabei begann ich, mein Leben als wertlos zu betrachten. Ich begann, mich übermäßig selbst zu lieben, was eine Vielzahl von zwischenmenschlichen Problemen mit sich brachte. Mittlerweile weiß ich, dass es nichts bringt, unter allen Umständen die Zuneigung oder gar Liebe anderer zu gewinnen. Irgendwo lauert dann das

Phantom des Zufalls. Der Zufall ist leider nicht oft das, was dir zur rechten Zeit zufällt. Oft ist der Zufall das, was auch anders hätte kommen können? Ich habe unter Schmerzen gelernt, dass ich meine eigenen Wünsche und Bedürfnisse nicht vernachlässigen darf, dass ich Entscheidungen für mich (und nicht für andere) treffen muss und dass ich **Nein** *sagen darf – wobei ich das weiß, aber immer noch nicht häufig praktiziere.*

Einsicht führt nicht immer zu einer Veränderung, wohingegen eine Veränderung zu einer Einsicht führen kann.

Ja, das stimmt. Immerhin glaube ich nicht mehr an Gott als den höchsten Retter, weil ich der Meinung bin, dass ein solcher Glaube meine Aktivität lähmt.

Es ist fatal und auch lebensgefährlich, das zu hören, was man hören will und dass zu sehen, was man sehen will. Das gilt besonders für den Zustand des Verliebtseins.

Der Tod und der Sinn des Lebens

Sie erfahren in diesem Kapitel, dass Einsicht nicht automatisch in die Verantwortung führt, wohl aber Veränderung zu einer Einsicht führen kann.

Wenn du nicht mehr an einen höchsten Retter glaubst, bedeutet das für dich auch, du glaubst nicht mehr an Gott?

Ich glaube nicht mehr an den Gott, der gepredigt oder gelehrt wird, zum Beispiel von dem hysterischen Weiberfeind Paulus. Ich habe festgestellt, dass ein Großteil der kirchlichen Dokumente auf Fälschungen zurückgeht und weitere Dokumente, die anderes belegen, verbrannt wurden.

Aber Jesus hat doch gelebt und gelehrt.

Davon gehe ich aus, wiewohl zu der damaligen verrückten Zeit eine Vielzahl ähnlicher Propheten gelebt und ähnliche Dinge verkündet haben. Es war eine hysterische Zeit, wiewohl ich glaube, dass Jesus gegen die Macht der römischen Besatzer gekämpft haben kann. Mithin sind die biblischen Texte keine heiligen Texte. Voller Widersprüche sind sie und sie sind nicht von Gott. Die Abschreiber haben sie verfälscht, nach eigenem Gutdünken ergänzt, haben Unliebsames weggelassen oder ihnen Liebes ergänzt. Du findest in den Texten, was du suchst. Ach, lassen wir das Thema vorläufig weg.

Nun gut, dann werden wir es vorerst beiseite legen. Wie und über was willst du fortfahren?

Ich weiß nicht genau, was ich will.

Du hast Angst?

Ich habe keine Angst, noch nicht einmal vor dem Tod. Ich weiß nämlich, dass mein eigener Tod unausweichlich ist. Ich weiß auch, dass wo mein Tod ist, ich nicht bin. Und ich will, dass es ein Leben vor dem Tod gibt und suche danach.

Du bist selbst Therapeut und kommst zu mir, dem Therapeuten. Was erwartest du hier bei mir?

Ich suche einen Ort der Geborgenheit. Ich suche Veränderung und suche einen Weg in die Veränderung, suche Zufriedenheit und Zuversicht.

Deine Suche ist bereits die erste Etappe der Veränderung. Es werden Situationen kommen, in denen du entscheiden musst, wo du Entscheidungen treffen **willst** und nicht nur eine Entscheidung wünschst. Entscheidungen sind das Ende aller Optionen.

Ich bin verzagt. Ich weiß immer noch nicht, wer ich wirklich bin.

Du bist auch wirklich. Dennoch möchte ich dich bitten, mir folgenden Satz zu ergänzen: „Ich bin …

So spontan kann ich den Satz nicht ergänzen.

Oder dann den anderen: „Ich kann …

Auch das kann ich noch nicht, später vielleicht.

Ich werde darauf zurückkommen. Dann beantworte mir die Frage: Was zeichnet dich als Therapeut aus?

Ich habe oft beobachtet, dass die Menschen, die zu mir kamen, Teile ihres Ich, ihres Selbst abgespaltet haben, dass sie sich permanent mit anderen vergleichen. So wollte ich nicht sein. Ich wollte nicht, wie viele andere, mich als Schutz gegen die eigene Isolation missbrauchen lassen. Ich wollte Liebe geben, wobei ich nicht die Liebe zu einer einzigen Person, die zu mir in die Praxis kam, meine, sondern die Liebe in einem größeren Zusammenhang sah. Die momentane Situation betrachtete ich als Zufall, was bedeutete: es hätte auch anders kommen können.

Zufall ist manchmal auch das, was einem zur rechten Zeit zufällt.

Das stimmt. Mir ging es bei „meinen" Patienten oft darum, ihnen bei der Suche nach dem Sinn zu helfen.

Wir alle sind auf der Suche nach dem Sinn. Ein sinnvolles Leben ist auch eine Suche nach der Macht.

Ja, das stimmt und Macht kann hilfreich sein für die, die sich ohnmächtig fühlen. Ein wenig Macht für einen Ohnmächtigen oder gelähmten Menschen ist wertvoll. Ich habe gerne als Therapeut provoziert und gefragt: Warum lebst du? Wie lebst du? Was tust du und ist dein Tun sinnvoll? Bewirkt dein Tun, dass du Ungewissheiten aushalten kannst?

Sinnlosigkeit ist eine große Quelle der Angst.

Mir scheint, ich – wir alle – suche Frieden, und ich will wissen, wohin ich gehöre. Der alte Gottesglaube hat mir keine Antwort auf diese Frage gegeben.

Sollen wir jetzt über Gott reden? Und was den Frieden betrifft, so wirst du ihn nicht im Status quo finden, auch nicht dadurch, dass du klein beigibst, noch in Bequemlichkeit oder Sicherheit …

Sondern?

In der Gerechtigkeit, in der Freiheit zu nehmen, oder in jener zu verzichten, in der Würde.

Das gab mir der alte Gottesglaube nicht.

Nenn mir deinen neuen Gottesglauben und verzichte dabei nicht, einen schonungslosen Blick auf das Schlimmste zu werfen. Jede Liebe ist immer mit Verlust und Trennung verbunden, auch jene zu Gott – vermute ich. Aber Liebe ist auch mit Freiheit und Wachsen verbunden. Nun denn: Thema Gott.

Über den Sinn des Lebens und wie man dem Leben Sinn geben kann, hat Wilhelm Schmid ein hilfreiches und schönes Buch geschrieben.[2] Dort erfahren Sie viel über die Liebe und die Sehnsucht nach Vertrauen und Vertrautheit.

2 Wilhelm Schmid. Dem Leben Sinn geben. Berlin: Suhrkamp Verlag 2014.

Die Angst und die Freiheit

In diesem Kapitel lernen Sie, die Bibel nicht wörtlich zu nehmen. Denn viele Texte sind weder hilfreich noch sinnvoll, weil sie Angst produzieren.

Leider habe ich zu spät begriffen, dass du etwas Sinnvolles mit der Aussage gemeint hast, indem du sagtest: „Ich habe es gehasst, bestimmte Textstellen aus der Bibel herauszusuchen, um bestimmte Thesen zu vertreten." Ich habe es leider selbst oft auch in der Therapie getan, wie zum Beispiel: „Du sollst deinen Nächsten lieben wie dich selbst." Ein dubioser Satz übrigens, den Matthäus in Kapitel 5 äußert, denn was ist mit der Selbstliebe, wenn sie nicht vorhanden ist, wie es viele unserer Klienten erleben?

Liebe hat doch wahrlich nichts mit „sollen" zu tun! Und wer ist mein Nächster? Auch mein Feind? Ich habe mit der Bibel alles begründen können, die Liebe und das Töten, die Demütigung und die Rache. Heute weiß ich: was sonst noch mit den „heiligen" Worten geschafft wurde, „verdient" großen Respekt, nämlich ein Wirtschaftsunternehmen mit dem Thema ***Angst****. Davon leben die Priester, die Pastoren, die Kirche selbst. Du musstest Vergebung und Barmherzigkeit bezahlen, um nicht bestraft zu werden. Das Ganze gilt nicht allein für die Bibel, sondern auch für den Koran. Schaue selbst nach im Koran: Sure 8,39: töte die Ungläubigen (die man allerdings auch Sure 2,20 nachsichtig behandeln soll). Oder in der Bibel, wo der „liebende Gott" die Ausrottung der Kanaaniter mit den Worten beschließt: ich will sie vertilgen. Ich bete keinen Gott* *an, der ein ins Gegenteil verkehrtes Menschenbild ist. Vor allem – schon ganz früh als Schüler oder später als Student der Theologie – hat mich gestört und abgestoßen, wie der Tod verhätschelt oder in prunkvollen Prozessionen verherrlicht wurde. Dass Jesus gestorben ist, vielleicht als Rädelsführer hingerichtet wurde – das mag sein. Aber er ist nicht für meine Sünden gestorben, wobei ich nie den Eindruck hatte, ich sei ein Sünder und müsse durch seinen Tod erlöst werden. Ich war und bin ein guter Mensch und habe nicht verstanden und werde nie verstehen, dass heute noch die Täter im Namen Gottes oder Allahs morden, foltern und grausam verhören. Ich denke dabei an die Inquisition, die IS oder an die Nationalsozialisten, die ihre Nächsten, die Juden, töteten. Nein, Jesus ist nicht zu meinem Heil oder wegen meiner „Sünden" am Kreuz gestorben.*

Also ist Religion für dich keine versteckte Kontrollstrategie oder der Versuch, Gott durch Wohlverhalten zu manipulieren?

Ja, so könnte ich es ausdrücken. Was mich ausgezeichnet hat und auch heute noch auszeichnet, ist Gewaltverzicht und ein einfacher Lebensstil, Liebe zu armen Menschen, Vergebung, Offenheit, Barmherzigkeit, Verzicht auf Status, Macht und Besitz, die Freude, anderen Gutes zu tun.

„Wenn du davon bis heute überzeugt bist, dann frage ich mich, warum du zu mir kommst."

Weil ich mit mir nicht zufrieden bin, keinen Frieden in mir spüre.

Nie?

Hin und wieder schon.

Und das genügt dir nicht?

Lass uns bitte übermorgen weitermachen.

Es ist hilfreich, dass Sie bisweilen Ihre Lieblingstheorien killen, um an Freiheit zu gewinnen und um Ihre Ängste zu reduzieren.

Was er kann und was er liest

In diesem Kapitel werden Ihnen wichtige Bücher empfohlen, um Lebensfallen zu vermeiden und um Lebenschancen zu erhöhen.

Vollende bitte einen Satz, der mit ‚Ich bin' beginnt.

Ich bin nicht in der Lage, zu erkennen, dass mein Scheitern, meine demütigenden Erfahrungen mich klüger gemacht haben, weil ich immer wieder Fehler mache und gedemütigt werde. Ich bin ohne Erwartungen und Hoffnungen.

Sag nun etwas Positives!

Nun gut: Ich habe keine Angst vor dem Tod, vielleicht vor dem Sterben, wenn es denn unwürdig und zu schmerzhaft ist. Ich habe mithin keine Furcht vor dem Ungewissen. Ich bin manchmal in einer inneren Balance und deswegen nicht von Gefühlen und Stimmungen abhängig. Ich kann Schmerzen ertragen. Ich klammere mich an das Seil der Erfahrung – und mache trotzdem Fehler. Ich bin wahrhaftig und liebe Wahrheit und Gerechtigkeit. Ich kann auch sagen, was ich nicht will: ich will weder andere anschieben, überreden, einschüchtern oder verändern. Mag sein, dass ich das eine oder andere vom eben Gesagten tat oder vielleicht sogar wollte, vor allem in der Liebe. Dort glaubte ich, dass meine Art zu lieben, den anderen verändern könnte. Ich will nicht mit anderen konkurrieren. Mittlerweile lässt mein Ego zu, dass der geliebte Mensch sich verändert, auch wenn es mir nicht gefällt oder gut tut. Was ich nicht zulasse und akzeptieren kann: dass das Böse aussieht wie Rechtschaffenheit, wobei ich konstruktive Kritik zulassen kann und auch versuche, das Negative zu integrieren. Ich will mich immer wieder ändern dürfen, ohne einem anderen zu schaden. Das bringt mich erneut zum Thema Gott, weil ich glaube, Gott und mich selbst zu finden, wenn ich offen bleibe für die fortwährenden Herausforderungen des Lebens und der Liebe, wenn ich keine Angst habe.

Hast du Gott immer so gesehen?

Nein, weder früher noch jüngst. Bis vor wenigen Monaten war ich noch der Ansicht, dass die einzige Entschuldigung Gottes ist, dass er nicht existiert. So sagte Sorel in seinem Schlussplädoyer vor Gericht.

Wer bitte ist Sorel?

Sorel ist der Protagonist des Romans „Rot und Schwarz" von Stendahl.

Mir scheint, dass Bücher und Lesen für dich wichtig sind.

Ja, das ist sozusagen mein Reich Gottes. Ich meine, eine neue Art des Sehens und Denkens im Hier und Jetzt.

Bleiben wir für eine kleine Weile beim Thema Bücher. Was liegt gerade auf deinem Nachttisch?

Ein Krimi von Hjordt und Rosenfeldt über einen Polizeipsychologen. Auf meinem Lesetisch vor dem Gartenfenster liegen Bücher, die ich parallel lese.

Parallel, warum?

Um mein Gedächtnis zu trainieren, eine Waffe gegen einen möglichen Alzheimer.

Welche Bücher liegen da?

Donna Tartts „Der kleine Freund"; der neue Hakan Nesser, „Die Kinder der Freiheit" und „Weltordnung" von Henry Kissinger.

Keine alten Bücher, ich meine Bücher von älteren Autoren?

Nein, wiewohl ich eine Beziehung zu alten Autoren habe, weil ich viele Anregungen und Empfehlungen meiner Lehrer auf dem Gymnasium bekam und deswegen auch oft ins Schauspielhaus und in die Oper gegangen bin.

An was erinnerst du dich, an welchen Schriftsteller oder Autoren?

An Heinrich Heine, vielleicht weil er aus Düsseldorf kam oder weil ich nach meiner ersten Scheidung das Gedicht aus seinem „Buch der Lieder"[3] entdeckte. An einen Vers kann ich

---

3 Heinrich Heine. Buch der Lieder.

mich bis heute erinnern. Er lautet ungefähr so: „Sie trennten sich endlich und sahen sich/nur noch zuweilen im Traum/Sie waren längst gestorben/Und wussten es selber kaum."

Möchtest du jetzt darüber reden?

Nein, jetzt nicht, später vielleicht. Jetzt möchte ich über andere Autoren reden, die mir in den Sinn kommen, zum Beispiel über Hölderlin und den „Tod des Empedokles".

Ich habe dieses Drama in Berlin gesehen und erinnere mich an die dort verkündete Weisheit und Wahrheit von der ewigen Wiederkunft des Gleichen. Aber auch darüber möchte ich jetzt nicht reden. Bei den alten Philosophen ist mir Seneca wichtig, von dem ich gelernt habe, dass es bei Glück nicht um Spaß geht, sondern um ein weises Leben, ein Leben voller Bescheidenheit und in Zufriedenheit. Was nicht in unserer Macht steht, können wir nicht vermeiden. Nichts anfangen, konnte ich mit Machiavellis „Fürst", wobei ich sagen muss, dass ich das Buch nicht verstanden habe oder verstehen wollte. Gerne erinnere ich mich an „Don Quichote" – meinen Bruder im Geiste –; er wie ich glaubten, dass aus Tagträumen Wirklichkeit werden kann.

Glaubst du das auch heute noch?

Nein, das glaube ich heute nicht mehr. Aber noch heute kann ich mit Cervantes lachen. Ich mag immer noch die Großherzigkeit, die Güte und die kluge Weisheit von Sancho Panza.

Was ist mit Shakespeare?

Die Dramen, ja. Besonders Richard III., aber nicht die Sonette, vielleicht weil ich nicht Tiefe und Muße aufbrachte, um sie zu lesen und zu verstehen. Was willst du noch wissen über „meine" Bücher?

Du sprachst von der Schulzeit. Was ist dir davon noch in Erinnerung und wichtig?

Mühsam die Erinnerung, aber wohl wichtig, wenn es auch nur Fragmente sind, die auftauchen. Pruys mit seinem Buch über 44 Bücher, die man gelesen haben muss (liegt übrigens auch auf meinem Lesetisch), hat meine Erinnerung aufgefrischt. Plötzlich war Blaise Pascal wieder da, seine Geistesblitze, seine Bemerkungen über das Törichte der Eigenliebe oder des Stolzes oder die Dummheit der Eitelkeit. An Einzelheiten kann ich mich nicht erinnern, wohl aber an den Satz, den mein Französischlehrer, Dr. Blassberg, im Unterricht oft zitierte: „Alles zu haben, was nötig ist, ist nicht gut." Heute verstehe ich den Satz, damals nicht. Heute noch und damals als Professor verwende ich Salinger „Der Fänger im Roggen" oder seine „Neun Erzählungen". Eine Lektüre aus der Schule kommt mir immer wieder in Erinnerung, nämlich „Tod eines Handlungsreisenden" von Thornton Wilder. Den einen Satz anlässlich seiner Beerdigung, der sinngemäß etwa so lautet: Er war da draußen mit einem Lächeln und geputzten Schuhen unterwegs.

Warum dieser Satz?"

Das weiß ich nicht. Jedenfalls werden sie bei meiner Beerdigung diesen Satz nicht sagen, vermute ich. Von mir soll mehr übrig bleiben als die Erinnerung an geputzte Schuhe.

Was sollen die Menschen dann sagen?

Was würdest denn du sagen?

Ich würde sagen: Es ist ein Glück, dass er geboren wurde. Wobei er lange nicht wusste, wer er ist. Möchtest du nun weiter aus deinem literarischen Fundus erzählen?

Nein!

Ich freue mich über dein so starkes Nein. Mir scheint, deine Krankheit, wenn ich denn so kühn sein darf, dieses Nomen zu benutzen, bestand darin, dass du viel zu oft **Ja** gesagt hast, obwohl ein **Nein** angebrachter und hilfreicher gewesen wäre. Du wolltest niemandem wehtun und hast dabei dir wehgetan. Nun gut, wir machen morgen weiter.

Das Lesen von Büchern erweitert nicht nur Ihr Wissen, sondern ist eine Pforte in Ihr Unbewusstes (Ihre Seele) und kann Sie bisweilen auch retten, damit Sie eine Lebensfalle vermeiden, weil ein anderer (der Autor) in ähnlicher Situation wie Sie selbst ist oder war. Vor allem lernen Sie viel über die vielen Gesichter der Angst.

Das Lob

In diesem Kapitel erfahren Sie, dass das Lob, so sparsam es manchmal getätigt wird, heilsam und wohltuend ist. Die Erinnerung an ein Lob kann dazu beitragen, Ungewissheiten auszuhalten.

Ich möchte beginnen und dir danken, mir Mut gemacht zu haben, öfter **Nein** *zu sagen. Jetzt aber sage ich* **Ja** *und erzähle dir von anderen Büchern aus Schulzeit und Studium, die mich beeinflussten. Erneut ein Franzose, Montesquieu, von dem wir gelernt haben, dass er die Gewaltenteilung erfand und kluge Sätze über das Gesetz schrieb wie den, dass alles, was gerecht ist, zum Gesetz werden muss. Oder „Candide" von Voltaire, der bestritt, dass wir in der besten aller Welten leben. Das stimmt nach Auschwitz oder nach dem IS-Terror in Syrien nicht. Ich war leider lange genug Optimist und konnte es schon damals nicht glauben, dass wir in der besten aller Welten leben.*

Du bist also kein Optimist?

Leider doch. Ich spiele immer noch Lotto. Ach, übrigens, als ich gestern Abend aus deinem Haus ging, lag eine tote Katze vor deiner Haustür. Und zwei Nachbarinnen kamen vorbei und bemerkten erschrocken, dass das ein Symbol sei, denn es deutet darauf hin, dass in deinem Haus jemand sterben wird. Erschreckt dich das?

Nein, überhaupt nicht. Denn es stimmt ja, dass auch ich sterben werde, allerdings nicht heute, sondern irgendwann, was für dich und für mich – für uns alle – gilt. Vielleicht stirbt ja auch in diesem Haus dein altes Ich. In anderen Kulturen wurde ein totes Tier vor die Tür gelegt, wenn drinnen jemand im Sterben lag. Gevatter Tod, wenn er dann kommt, erfährt dadurch, dass der Tod – also ein anderer Gevatter Tod (den Tod gibt es nämlich in vielen Facetten) – schon da war. Übrigens: über den Tod möchte ich mit dir auch noch sprechen. Ich werde dir dann ein wunderschönes Märchen erzählen, ein kluges und tröstliches.

Ja, gern, aber nicht heute bitte.

In Ordnung, über was möchtest du denn heute noch sprechen? Über Bücher? Über Gott?

Je häufiger wir über die Religion sprechen, desto wütender und trauriger werde ich. Ich fühle mich schlecht behandelt von der Kirche und der Kirchen-Behörde; sie hat mir persönlich Unrecht getan. Nein, auch darüber will ich nicht sprechen, jetzt noch nicht. In der jüngeren Geschichte unseres Landes, also unter Hitler und den Nationalsozialisten, gab es nur wenige Bischöfe, Priester oder Pfarrer, die bei den Gläubigen das verbrecherische System anklagten und öffentlich machten, obwohl sie davon wussten.

Vielleicht hatten sie Angst.

Das lasse ich nur bedingt gelten. Offensichtlich mussten Sintis und Juden als Gegner herhalten, wie schon Paulus es in Bezug auf die Juden und die Frauen forderte. Paulus, dem Hitler allzu gerne nachfolgte. Es ist lächerlich, wenn die Kirche an Gott glaubt, an das Gebot: „Du sollst nicht töten." und dabei zusah, wie Millionen in Gasöfen und sinnlosen Kriegen getötet und ermordet wurden.

Es gab Priester, die sich dagegen wehrten und in den inneren und äußeren Widerstand gingen.

Beinahe hätte ich gesagt: Gott sei Dank. Ich meine, das tröstet ein wenig. Ich selbst habe bei meinem Opa gemerkt, wie ein kleiner Widerstand dazu führte, den Mutigen wegzusperren.

Erzähl bitte.

Mein Opa war ein kluger, ein weiser, ein einfacher Mann aus dem Arbeiter-Milieu in Düsseldorf, ein Kommunist und ein Nazihasser. Man suchte wohl eine Gelegenheit, um diesen guten Mann mit dem mächtigen verbogenen Rücken, einem Buckel, loszuwerden. So sperrten die Nazis ihn in Grafenberg in die „Irrenanstalt", weil er wieder und wieder in der Öffentlichkeit statt „Heil Hitler" „Drei Liter" sagte. Sie ließen ihn wieder frei mit der Auflage, in der Öffentlichkeit den Mund zu halten. Das tat er auch, um die Oma und seine Kinder nicht zu gefährden. Meine Oma ging zum Pfarrer und bat um Unterstützung durch die Kirche. Der Pfarrer schwieg und meinte, der Opa solle froh sein, dass er kein Jude sei. Und wenn er dann stürbe, dann würde der Pfarrer ihn nicht beerdigen dürfen, denn er sei – so wörtlich – keine „gute Leiche". Ich denke gerne an meinen Opa, diesen guten Mann, der mir beibrachte, dass ich geduldig sein soll, weil ich in der Schule anfangs Probleme hatte und als dumm galt. „Du bist nicht dumm", sagte er damals, „du bist noch unerfahren. Menschen, auch dir nahe Menschen wie deine Mutter, meine Tochter, sind verschieden und nicht so, wie du sie gerne erleben möchtest. Sie glauben, es ‚gut' mit dir zu meinen, wenn sie dich bekämpfen oder ablehnen." Menschen sind oft unehrlich, Menschen sind schwach und sie erzählen und erfinden Geschichten, um ihr tristes Dasein zu ertragen oder schönzureden. Opa hat mich gelobt, Vater und Mutter nicht. Erst ganz spät, auf seinem Sterbebett, hat mein Vater mich – der ich damals schon Doktor und Professor – bescheiden gelobt. Und als ich ihn daraufhin fragte, warum er mich nicht früher und häufiger gelobt hat, meinte er: ‚Zuviel Lob bei Kindern führt zu schwachen Leistungen in der Schule.'

Du kannst dich also nicht daran erinnern, dass er dich in deiner Jugend gelobt hat?

Nein, daran kann ich mich bis auf eine Ausnahme nicht erinnern. Einmal, ich betone einmal, gab es ein Lob, als ich bei meiner Abiturfeier in der Aula des Gymnasiums das Zeugnis bekam und anschließend auf die Bühne ging, um im Schulchor eine Bach-Kantate mitzusingen. Da sagte er zu meiner neben ihm sitzenden Mutter: ‚Wie? Singen kann der auch?' Er sagte es zu meiner Mutter, nicht zu mir.

Dein Opa, hat er dich gelobt?

Das weiß ich nicht mehr. Was ich weiß, ist, dass ich von ihm Aufmerksamkeit und Anregungen erhielt. Er führte mich übrigens in die Welt der Bücher ein. Ich hatte schon als achtjähriges Kind einen Ausweis für die Stadtbücherei in Düsseldorf-Gerresheim. Einmal, in seinem Schrebergarten, habe ich geholfen, Kartoffelkäfer aufzulesen. Er schaute mich hernach dankbar an, das war für mich wie ein Lob.

Was vermutest du, was du von deinem Opa gelernt hast?

Vom Opa und von einigen guten Lehrern wie Herrn Hoffmann habe ich gelernt, dass es im Leben um Freude geht, um Lachen, um Sinnlichkeit und dass wir uns nicht um den Himmel kümmern müssen. Sondern unsere Aufmerksamkeit auf die tatsächlich existierende Welt richten und auch auf den Tod, der uns danach streben lässt, wertvoll zu leben, richten sollen.

Nun gut, danke, lass uns für heute schließen. Wenn du möchtest, machen wir mit dem Hund noch einen Spaziergang.

Ja ich freue mich auf den Spaziergang mit dir, aber ich möchte dabei nicht mehr reden.

Geben Sie dem Leben Sinn (und damit sich selbst!), indem Sie es genießen (wenn Sie es denn können), für einen anderen da zu sein. Seien Sie eine immer

neue Quelle von Energie. Seien Sie als ein Stärkerer der Schutz für den einen oder anderen Schwächeren. Spüren Sie in sich den Ansporn, sich weiter zu entwikkeln und mit anderen Dingen zu schaffen. Und sparen Sie dabei nicht mit Lob, wobei Sie sich selbst gerne auch loben dürfen. Lob ist ein angenehmer Duft des Lebens.

Mary Poppins und die Bejahung

In diesem Kapitel erfahren Sie, dass eine uns lebenswichtige Person (hier eine Mutter) in eine lebensgefährliche Lage bringt, wenn sie uns ständig im Denken, Fühlen und Handeln im Leben verneint, weil sie offensichtlich mit sich selbst und ihrem Leben Probleme hat.

Du humpelst. Hast du dich verletzt, als du gestern im Wald über die Baumwurzel gestolpert bist? Hast du keine Schmerzen?

Ich habe mir angewöhnt, nur die letzte Frage von zweien zu beantworten. Nein, ich habe keine Schmerzen. Ich habe mir auch angewöhnt, meine Schmerzen nur dann zu missachten, wenn ich damit meine Gefühle nicht betäube. Darüber hinaus habe ich ein Misstrauen gegenüber Hilfsangeboten. Schmerz kann übrigens auch ein Geschenk sein.

Du klingst sehr selbstsicher. Ganz oft allerdings habe ich dich unsicher und nach Hilfe schreiend erlebt, zum Beispiel bei mir in der Therapie.

Ich war mit M. im vergangenen Jahr in Kao Lak, also dort wo der Tsunami tobte, in welchem Tausende von Menschen ihr Leben und Hab und Gut verloren. Heute sind die Leute immer noch traumatisiert, aber sie leben weiter, weil sie sich auf eine neue Katastrophe innerlich einstellen und vorbereiten. So bin ich auch. Ich will vorbereitet sein.

Was die Lebensfreude erheblich einschränkt.

Das nehme ich in Kauf, weil mir mein Tsunami-Gefühl Sicherheit verleiht. Mein Leben lang wollte ich auf Niederlagen, Schmähungen oder kleinere Katastrophen vorbereitet sein. Bei meiner mich oft schlagenden leiblichen Mutter habe ich alles getan, um sie zu besänftigen. Ich habe gelogen, wenn ich vergeblich und ohne Geld vom Vater aus der Stadt zurückkam, weil er mir keines für den Unterhalt gegeben hat. Ich habe dann eine Ausrede oder Lüge erfunden, um nicht bestraft zu werden – wohl auch um meinen Vater zu schützen.

Lügen dienen oft dazu, Nähe zu bewahren.

Mag sein. Ich habe damals nach einer magischen Tür gesucht, um zu entfliehen.

Ich erinnere mich übrigens gerne an eine Geschichte, die du bei einem Vortrag dem Publikum erzählt hast, in welcher es um die Bejahung geht. Erzählst du sie mir noch einmal, weil ich die Bejahung betreffend eine Frage habe?

Gerne, weil ich über die Geschichte in letzter Zeit selbst oft nachgedacht habe. Dazu auch über einen Aspekt, der mir wichtiger ist als die Bejahung.

> Es ist eine Märchenszene aus dem Märchen „Mary Poppins“. Du erinnerst dich, Mary Poppins ist ein wunderbar kreatives Kindermädchen, die die Kinder Jane und Michael zwei Tage in London beaufsichtigt

und begleitet, tolle Abenteuer mit den beiden Kindern erlebt und schließlich im Lebkuchenladen einer gewissen Frau Curry den Hunger der Kinder stillen will. Frau Curry selbst ist nicht im Laden, wohl aber deren beide Töchter namens Anni und Fanni. Mary ist kaum im Laden, da kommt Frau Curry hereingestürmt und fragt, ob Anni und Fanni sie noch nicht bedient und Lebkuchen angeboten haben. Die Kinder sagen, sie waren gerade dabei, genau dies zu tun. Da antwortet Frau Curry böse, wer ihnen denn erlaubt habe, die Lebkuchen zu verkaufen. Die Kinder antworten zaghaft, dass sie gedacht haben, es sei der Mutter Recht. Was es hier zu denken gibt, dass denke ich und nicht ihr. Vom rüden Ton der Mutter mitten ins Herz getroffen, beginnen beide Kinder zu weinen. Frau Curry hebt ihren krummen Finder und sagt hämisch zu Mary Poppins, sie solle sich doch einmal ihre nichtsnutzigen und dummen Kinder anschauen.[4]

Damals hast du den Zuhörern erzählt, dass wir in Angst, Depression und Krankheit verfallen, wenn wir niemanden – Mutter, Vater, Lehrer, Lehrerin, Partner, Partnerin – haben, der uns bejaht. Wir werden also krank. Wir müssen uns ein Leben lang darum kümmern, jemanden zu finden, der uns in unserem Denken, Fühlen und Handeln bejaht.

Das stimmt und ist und bleibt sinnvoll.

---

4 Nacherzählt und zusammengefasst aus: Pamela Travis. Mary Poppins

Was ist jedoch dann, wenn es niemanden gibt, der uns bejaht, obwohl wir nach ihm oder ihr gesucht haben?

Dann musst du dich selbst bejahen in deinem Jetzt und Nun, heute also. Du solltest Freundschaft mit dir selbst schließen. Kannst du es, dich selbst bejahen und dich zu deinem besten Freund machen?

Deswegen bin ich hier!

Ich werde nicht immer an deiner Seite sein. Mein Ziel ist es, Dich zufrieden loszuwerden. Danach musst du die Existenz allein bewältigen können, wobei ich glaube, dass du es schon heute könntest und kannst. Ich jedenfalls kann es nicht für dich tun – und Gott schon gar nicht. Da hilft auch kein Gebet, denn im Gebet geht es nicht darum, dass sich Gott ändert oder du Gott änderst, sondern dass du dich änderst.

Und was soll ich ändern?

Dein Denken und dein Sehen.

Und was brauche ich sonst noch?

Bleiben wir beim Sehen. Morgen erzähle ich dir eine Fabel über das Sehen. Für heue ist Schluss. Nein, noch nicht ganz: Was ist dir in der Geschichte von Mary Poppins als neue Erkenntnis gekommen?

Frau Curry selbst braucht Hilfe. Sie rächt sich an ihren unschuldigen Kindern für die selbst erlebten Verneinungen. Sie ist das Opfer ihrer Vergangenheit. Sie konkurriert mit den eigenen Töchtern und kann sich nicht auf das Jetzt einlassen. Sie ist nicht liebesfähig. Irgendwann werden sich die Kinder von Frau Curry rächen.

Der Weg zu einem besseren Leben erfordert zunächst einen Blick auf das Schlimmste und die Frage an sich selbst: Will ich das Schlimmste ein Leben lang ertragen? Wenn nicht, dann bleibt der Weg, sich von demjenigen zu trennen, der das Schlimme permanent produziert. Die Erkenntnis, warum dieser Mensch so ist, bietet letztlich keine Lösung. Wachsen ist eben oft mit Verlust verbunden. Wachsen werden Sie, wenn Sie sich selbst in ihrem Denken, Fühlen und Handeln bejahen. Es sei denn, Sie haben sich schuldig gemacht, also jemandem (oder sich selbst) absichtlich verletzt. Auf jeden Fall ist es eine Lebenschance, wenn ein für Sie wichtiger Mensch Sie bejaht, permanent bejaht.

Der Einbrecher und der Papagei

In dieser Geschichte erfahren Sie, dass (gewaltfreie) Rache ein wundervoll erleichternder Gedanke sein kann.

Möchtest du heute über die Rache sprechen? Willst du dich rächen, um – ich sage das in Anführungsstrichen – Recht zu bekommen?

Nein, ich bin kein Mensch, der Rachegedanken hegt. Als Rheinländer lebe ich nach dem Motto: „Man muss auch gönnen können." Ich hatte damals bei meiner Scheidung nicht das Bedürfnis, mich rächen zu müssen. Auch nicht, als meine Ex dem Finanzamt gegenüber falsche Angaben meine Einkünfte betreffend gab, weil sie sich offensichtlich rächen wollte, weil ich mich von ihr trennte. Auf solchen Ebenen ist Rache immer schmerzhaft. Ich brauche zu meiner Rechtfertigung nicht die Erkenntnis, dass ich Recht hatte. Kleine Geister lieben Rache, weil sie klein sind. Kleine Geister jagen Schatten, was erlaubt, aber töricht ist. Ich mag Geschichten oder Witze, die die Rache wohltuend darstellen, wie zum Beispiel jene von dem Einbrecher:

> *Ein Einbrecher observierte tage- und nächtelang die Villa eines offensichtlich reichen älteren Ehepaares. Als diese eines Abends mit ihrem Auto wegfuhren und sich nach seiner Meinung niemand mehr im Haus befand, brach der Einbrecher das Fenster auf und kletterte in das dunkle Haus. Kaum war er drinnen, hörte er eine Stimme: „Jesus is watching you." In der Meinung, dass*

er sich verhört hat, weil ja doch niemand mehr im Haus ist – schließlich hatte er doch mit eigenen Augen gesehen, dass die Besitzer weggefahren waren –, ging er ein paar Schritte weiter, bis er erneut den Satz hörte: „Jesus is watching you." Er schaltete seine Tasschenlampe kurz an und sah auf einer Schaukel einen Papagei. „Heißt du Jesus?", fragte der Einbrecher. „Ich heiße Moses", antwortete der Papagei. – „Welcher Idiot kommt denn auf die Idee, seinen Papagei Moses zu nennen?" – „Das ist jener Idiot, der seinen Rottweiler Jesus nennt."'

Das ist eine schöne Anekdote, die fein die vielfältigen Möglichkeiten einer zufriedenstellenden und nicht bösartigen Rache schildert. Du bist ein kluger Mensch.

Bin ich das?

Stelle meine Aussage bitte nicht in Zweifel. Das würde dir schaden und uns nicht gut tun. Nun denn. Rache ist nicht dein Ding. Der alte Glaube an Gott wohl auch nicht. An was glaubst du denn? Glaubst du an dich?

Ich glaube und wünsche mir, mich zu verändern, um die Wirklichkeit mit neuen Augen zu sehen. Mit neuen Augen und mit dem Herzen, ohne meine Vernunft an der Garderobe abzugeben. Ich wünsche mir schon seit jeher ein gütiges Du, eine Partnerin, an der ich wachsen kann und die mich nicht bekämpft, die mein Leben in Bewegung bringt. Mit einem solchen Menschen könnte ich mit Versagen, Dunkelheit oder Missgunst umgehen.

Dazu brauchst du also einen anderen Menschen. Geht es nicht ohne einen anderen Menschen? Nur durch und mit dir?

Das weiß ich nicht, weil ich bisher es nicht ausprobiert habe.

Möchtest du es wieder und wieder ausprobieren?

Ich kann mir auch gut vorstellen, allein zu leben. Ich komme gut allein mit mir klar, auch wenn ich bei einer Zahnoperation Schmerzen habe. Schmerz und Leiden verbittern mich nicht. Ich kann barmherzig mit mir selbst sein. Ich kann mich kontrollieren und disziplinieren. Ich habe es nicht nötig, mir alles verdienen zu müssen.

Ich frage mich mehr und mehr, warum du zu mir in der Therapie kommst.

Weil ich an mir leide.

An was leidest du, bitte schön?

An der Liebe.

Bitte erkläre und begründe es mir.

Ich glaube, dass große Liebe und großes Leid zusammengehören wie die beiden Seiten einer Münze.

Du glaubst also, dass eine große Liebe immer mit großem Leid zusammenhängt – ohne Ausnahme?

Das glaube ich. Ja, das glaube ich, zumal ich es in meinem Leben nicht anders erlebt habe oder erlebt haben durfte.

Das klingt negativ.

Nein, es ist nicht negativ. Große Liebe und großes Leid können einen Menschen transformieren, können das Ego durchbrechen und dich veranlassen, sich auf das Jetzt zu konzentrieren. Ich versuche nicht – wenn ich Schmerzen empfinde –, mein Schmerz-Leid an andere abzugeben. Ich weiß, dass mich Schmerz und Leiden weiser, klüger und stärker machen können. Sie verbittern mich nicht.

Du bist also ein barmherziger Mann?

Ja, das bin ich, wobei ich erfahrene Barmherzigkeit an andere weitergebe. Ich möchte bei dem Thema „Liebe" bleiben. Im Positiven denke und glaube ich, dass eine große Liebe mein Herz und meinen Geist erweitert. Ich weiß allerdings auch: wenn ich stark liebe, dann werde ich deswegen leiden müssen, weil …

Weil was?

Weil ich die Kontrolle, die Souveränität verliere, weil ich sie an einen anderen abgeben muss. Allerdings weiß ich auch, dass Liebe der Weg ist, bewusster und lebendiger zu lieben und zu existieren. In solchen Situationen sage ich höchst selten: „Das geht nicht."

Du glaubst also immer noch an die „große Liebe“?

Mein Glaube bedeutet nicht das Wahren von Privilegien oder das Erhalten des Status quo. Ich weiß aber auch, dass in Liebeskonflikten der Sieger oft leer ausgeht. Wir sprechen dann von dem sogenannten „Rosenkrieg“.

Auch in der Liebe haben Sie weniger unter Kontrolle, als Sie denken. Dann kann Ihr Freund blitzschnell zu Ihrem Feind werden. Diese beiden Kategorien schließen sich eben nicht aus. Was aber auch stimmt: Sie vergiften sich, wenn Sie die Hand küssen, die Sie schlägt.

Die Lateinstunde oder die Befreiung

In diesem Kapitel erfahren Sie, dass in Ihnen, in jedem von uns, Überraschendes und Wunderbares schlummert. Glauben Sie deshalb an das Wunder Ihres Ichs.

Ich bitte dich nun, mir dein Lebensmotto zu nennen.

In vielen Situationen verfahre ich nach dem Motto „cui bono" beziehungsweise „cui malo".

Du magst es, dich lateinisch auszudrücken. Hast du eine besondere Beziehungen zum Lateinischen, ich meine: jenseits des Theologie-Studiums?

Ja, im Lateinunterricht wurde ich neugeboren. Ich erzähle dir die Geschichte:

Ich war ein schlechter Schüler, glaubte ich sei dumm und wahrlich nicht für das Gymnasium geeignet, zumal ich schon in der ersten Klasse, der Sexta, sitzen blieb. Meines Wissens war ich einer der ersten, der in der Sexta sitzengeblieben ist. Wir hatten damals einen guten, klugen und sehr strengen Lateinlehrer, Dr. P. Bei ihm haben wir viel gelernt, auch über das Leben und die Wichtigkeit der Disziplin. Du wurdest streng bestraft, wenn du das Lateinbuch vergessen oder die Hausaufgaben nicht gemacht hattest. Ich hatte das Lateinbuch immer dabei und die Hausaufgaben auch, denn ich fürchtete die Strafe. Teil eins selbiger Strafe war ein Schlag mit dem Lineal auf die Handknochen. Ich war von meiner Mutter körperliche Strafen gewohnt und hätte den Linealschlag locker ertragen. Aber nicht die zweite Strafe: bis zum Ende der Stunde musstest du mit dem Gesicht zur Wand stehen – und das war angesichts meine schwachen „Sextanerblase" für mich undenkbar. Ich hätte den Blasendruck, der sich in solchen Situationen leider bei mir schnell aufbaute, nicht ertragen. Ich hätte in die Hose gepinkelt, selbst wenn ich zuvor in der Pause auf dem Klo gewesen wäre. Also hatte ich immer das Lateinbuch dabei und die Hausaufgaben auch, obwohl sie meist fehlerhaft waren. Leider jedoch einmal nicht, als meine Mutter am Vortag die Schutzumschläge aus Plastik mit Pril-Wasser reinigte und in ihrer Hektik den Umschlag des Lateinbuches um dasjenige des Mathematikbuches legte. Als am nächsten Tag in der Schule Dr. P. befahl: „Bücher raus auf den Tisch, schlagt Seite nn auf!", da schwanden mir die Sinne. Ich sah Formen und Formeln und ich ahnte, dass meine Mutter einen Fehler gemacht hatte. Oder ich, weil ich den Ranzen nicht kontrolliert hatte. Dr. P. bemerkte das falsche Buch (ich saß als Sitzenbleiber und als Versager in der ersten Reihe und war gut sichtbar). „Du da!", sagte Dr. P. „das Lateinbuch, nicht das Mathematikbuch." Pause. „Kein Wunder. Komm nach vorne. Hand raus! Und dann ab in die Ecke." Was nun geschah, war für mich, den Lateinlehrer und auch die Klasse unglaublich. Ich wollte nicht in die Ecke und dort unter Blasendruck leiden. So sprach ich und ich weiß nicht, woher ich den Mut nahm: „Ich brauche das Lateinbuch nicht, Herr Dr. P., ich kann die Seite auswendig." „Du kannst die Seite auswendig?! Dann komm nach vorn und schreib sie an die Tafel!" Zur Tafel waren es drei Meter, sozusagen mein erster Marathon. Ich schrieb nun mit nassen Händen die Seite aus dem Kopf fast fehlerfrei ab. Fast fehlerfrei, weil ich statt agricolae (Nominativ Plural von aricola) agricolea geschrieben hatte – genau so, wie es als Druckfehler im Buch stand. Herr Dr. P. war fürbass erstaunt und sagte: "Dieter, bitte schreib doch auch einmal die vorige Seite auf." „Dieter" sagte er zu mir, und mein Name kam mir vor wie eine Melodie, wie der Duft des Lebens. So hatte mich in der Schule noch nie jemand angesprochen. Und „bitte" hatte er zu mir, dem Versager, gesagt! Also schrieb ich zu seinem und der Klasse Erstaunen auch diese Seite fehlerfrei an die Tafel. Von nun an änderte sich mein schulisches Leben. In fast allen Klassen wurde ich besser. Ich weiß nicht warum.

Doch, du weißt es! Die Lateinstunde sprach sich im Kollegium rum, die Lehrer nahmen dich wahr in deiner besonderen Fähigkeit …

… von der ich damals nicht wusste, dass ich sie besitze.

… wegen dieser besonderen Fähigkeit und weil du die Liebe gespürt und erlebt hast.

Ja, aber nicht nur die „Liebe" der Lehrer, sondern die Liebe zu mir und meiner Begabung, die ich zuvor nicht kannte oder wahrgenommen hatte."

Mithin darf ich festhalten: dein Ich wurde in diesem Augenblick geboren. Und du hast etwas Wichtiges über die Liebe gelernt: nämlich, dass du in der Liebe nicht immer primär von anderen abhängig bist, um sie zu erleben. Und dass du mit dir selbst befreundet sein kannst und dass es töricht ist, sich mit anderen zu vergleichen.

Ja, so sollte es sein, aber auch das erfahren leider nicht alle Menschen.

Im Leben wirst du des Öfteren neu geboren. In einer Lateinstunde zum Beispiel, wenn ein Lehrer „bitte“ zu dir sagt oder du selbst spürst, dass du mächtig bist. Eine Macht, die niemandem schadet und dir nutzt.

Kommen wir nun zum Thema „Liebe“ zurück .Vorab möchte ich noch einmal auf eine weitere Erkenntnis jener Lateinstunde zurückkommen. Seit dieser Stunde sage ich höchst selten: „Das geht nicht.“

Wie sagst du es dann?

Ich füge „noch“ oder „jetzt noch“ ein.

In der Liebe und im Leben sind Sie eben nicht immer von anderen abhängig, sondern von dem Glauben, dass Sie einzigartig sind und etwas können oder vermögen, was kaum jemand so gut wie Sie kann. Daran zu glauben, ist eine große Lebenschance.

Die Liebe und „Das Brot für morgen“

In diesem Kapitel erfahren Sie, dass die Freude auf den morgigen Tag, und sei es nur eine Kleinigkeit, die Sie an Positivem erwartet oder Sie an Positivem vollbringen können, glücklich machen kann.

Bevor wir nun noch näher auf das Thema „Liebe“ eingehen, möchte ich dir ein paar „Ich-Sätze“ sagen, die mir in der Nacht eingefallen sind. Zum Beispiel: Ich bin gelassener Zuschauer meines Seins. Oder: Ich distanziere mich von meinem Gefühlslärm. Oder: Ich weigere mich, das Glücklichsein in den Mittelpunkt zu stellen. Ich erhöhe mich selbst nicht, da ich mich sonst verlieren könnte. Und ich kann warten, lauschen, über das Auge lernen. Ich brauche das – dauerhafte – Glück nicht. Mir reicht die Zufriedenheit.

Bist du zufrieden?

Ich sage es oft den Menschen, die mich fragen, wie es mir geht, dass ich zufrieden bin, aber …

Aber was?

In mir ist eine Stimme, die sagt: Dieter, dir fehlt etwas. Was mir fehlt, das möchte ich bei dir, verehrter Kollege, herausfinden.

Nun gut, dann lass uns weiterhin versuchen, das Fehlende herauszufinden. Nur könnte es sein, dass dir die Kenntnis über das Fehlende nicht weiter hilft.

Du meinst, es könnte gefährlich werden und neue Sorgen in der Zukunft bringen oder meinst du, dass meine gegenwärtige Leere ein Stück meines Ichs ist und bleiben soll?

Bleiben **darf** und nicht soll. Kennst du den kleinen Roman „Der Fremde" von Camus? Du nickst. So wie er bist du nicht und wirst es auch in Zukunft nicht sein.

Ich habe das Buch in der Schule auf Französisch gelesen. Soll ich es erneut lesen?

Du sollst es nicht, auf keinen Fall. Es würde dich zu sehr anstrengen oder dir ein schlechtes Gewissen machen.

Ich habe kein schlechtes Gewissen, auch nicht als ich mich von E. trennte.

Du bist ein glücklicher Mensch.

Nein! Ich bin dann zufrieden, weil ich mich bemühe, die Dinge so zu sehen, wie sie sind. Ich bin kein Egozentriker und kann manchmal negative Gedanken ignorieren, was mir hin und wieder Gelassenheit und Frieden schenkt. Ich bin manchmal, besonders in der Liebe, leichtgläubig und vernachlässige die Wirklichkeit. Ich hasse Ungerechtigkeiten, die ich schlucken muss und kann.

Du kannst also loslassen? Auch dein Leben loslassen? Fürchtest du dich nicht vor dem Tod?

Woody Allen hat einmal gesagt, dass er den Tod nicht fürchtet, er wolle nur nicht dabei sein, wenn er kommt. Du lachst. Ich meine: was wissen wir schon über den Tod und das Sterben. Ich liebe eine Geschichte von Wolfgang Borchert über Tod und Sterben und erfreue mich an ihr. Sie geht ungefähr so[5]:

> Er machte die Tür auf, langsam und behutsam machte er sie auf. Mutter sollte nicht hören, dass er aufgestanden und gegangen ist. Besonders vorsichtig war er bei der Tür. Sie sollte nicht auf den vom Regen- und Löschwasser aufgequollenen Dielen schlurfen oder scharren. Und ebenso behutsam schloss er die Wohnungstür. Er stand im Treppenhaus und schaute nach oben, wo sich in der zweiten Etage die Tür zum Dachboden befand. Sein Ziel war der Dachboden. Dort hatte er alles vorbereitet. Dort war der Balken, der Strick, der Stuhl. „Ich werde mich jetzt umbringen. Ich halte dieses Leben nicht aus. Es ist völlig unsinnig. Der Krieg hat alles zerstört. Meine schöne Stadt Hamburg in Trümmern, der Dom, in welchem ich konfirmiert wurde, eine Ruine. Noch immer nach den drei Tagen Kriegsende graben sie Menschen aus, Tote und Verschüttete. Gestern brachten sie meinen Vater heim – als Blechmünze. Das ist von ihm übriggeblieben. Ich halte das nicht mehr aus! Ich werde mich umbringen."

---

5 Wolfgang Borchert. Die traurigen Geranien.

So ging er Stufe für Stufe die Treppe hoch, immer sein Ziel, die Dachkammer, im Sinn. Auf der ersten Etage blieb er stehen und schaute nach unten. Nein, die Mutter hatte nichts gemerkt. Ihre Tür war geschlossen. Und so ging er weiter und sagte wieder und wieder: „Ich werde mich jetzt umbringen, weil ich das nicht mehr aushalte, dieses unsinnige Leben." In der zweiten Etage angekommen, fasste er an das Geländer und blickte nach unten. Nein, Mutter war nicht zu sehen. Sein Blick fiel auf das Geländer, und er entdeckte in dem abgegriffenen braunen Holz eine hellere Spur, die sich nach unten zog. Das war ja ich damals, dachte er, als ich mit Karl Heinz, meinem gleichaltrigen 17-jähriger Freund, der gestern durch eine verirrte Kugel nach Kriegsende(!) starb, die Wette machte, wer von hier oben am schnellsten unten ins Parterre rennen kann. Ich habe gewonnen, weil ich einen kleinen Schraubenzieher in das weiche Holz presste, um nicht aus der Kurve getragen zu werden. Ja, ich habe gewonnen, und das Geländer musste gerichtet werden. Die weiße Linie im Holz! Aber jetzt werde ich mich umbringen, weil ich das nicht mehr aushalte, das Leben. Unten geht ja unsere Tür auf. Mutter kommt heraus. Sie spricht: „Der Junge ist wieder da. Der Krieg hat ihn mir zurückgegeben. Und jetzt ist es bestimmt unterwegs, das Brot zu holen, das Brot für morgen." –„Das Brot für morgen", wiederholte er. „Ich muss ja noch das Brot für morgen holen!" Und so ging er die Treppe wieder hinunter, zuerst langsam Schritt für Schritt. Die letzten drei Stufen sprang er.

Ja, das ist eine schöne tröstliche Geschichte. Jeder von uns hinterlässt im Lebensholz eines Treppenhauses oder sonst irgendwo Spuren. Meine Frage an dich: Worauf freust du dich morgen?

Lach bitte nicht! Ich freue mich auf ein Brötchen mit Butter und auf ein weich gekochtes Ei.

Dann wohl nicht auf den Tod oder das Sterben?

Nein morgen nicht.

Dann übermorgen?

Wohl auch nicht, sonst wäre ich nicht bei dir in der Therapie.

Dann lass uns übermorgen über den Tod sprechen.

Wenn Sie in einer tiefen und für Sie schier hoffnungslosen Situation sind, dann hilft der Gedanke, auf was Sie sich morgen freuen dürfen – und sei es „nur“ das Frühstück oder einen Fernsehfilm oder eine Sport-Übertragung.

Der Tod

In diesem Kapitel erfahren Sie Wichtiges über den Tod und Sie werden vielleicht durch die Sätze auf einem Grabstein von Heraklion getröstet: Ich brauche nichts. Ich fürchte nichts, ich bin frei.

Vorgestern hast du einfach beschlossen, dass wir heute über den Tod sprechen. Du hast mich gar nicht gefragt, was ich will. Ob ich zum Beispiel über den Tod sprechen will oder kann.

Mir scheint dein Problem zu sein, dass du mit deinen gut 70 Jahren oft nicht weißt, was du willst. Also erahne ich deine Wünsche und entscheide, denn offensichtlich kannst du dich nicht entscheiden. Dabei hast du doch immer die Freiheit, dich zu entscheiden, was manchmal leider kein Segen ist, sondern – wie du spürst – eine Qual.

Auch mir scheint manchmal, dass die Freiheit eine Qual ist und nicht nur ein Segen. Aber auch ein Segen. Nun gut: Thema Tod. Das Thema schmerzt mich nicht. Es schmerzt mich auch nicht, dass das Ende des Lebens, die Unausweichlichkeit des Todes, mich permanent daran erinnert, das Leben sinnvoll zu gestalten.

Was du permanent kannst, ist, dein Leben verändern und dich der Wahrheit stellen.

Welcher Wahrheit?

Nun, dass du vor deinem Tod leben kannst.

Also, wie Spinoza sagt: im Sein angesichts der Tatsache des Todes verharren.

Ja, das Wissen um den Tod ist ein Geschenk. Der Gedanke an den Tod kann einen Menschen von seinen Neurosen heilen. Abgesehen davon ist der Tod viel zu groß, um ihn zu begreifen. Glaubst du, dass dich der Tod frei macht von Schuldgefühlen?

Ich habe keine Schuldgefühle. Ich habe niemanden mit Absicht verletzt oder ihm/ihr Schaden zugefügt. Ich bin frei von Schuldgefühlen.

Willst du damit sagen, dass du keine Fehler gemacht hast?

Nein, das will ich nicht sagen. Gewiss habe ich Fehler gemacht, aber nie und nimmer wollte ich jemandem dabei einen Schaden zufügen.

Möchtest du mir von deinen Fehlern erzählen?

Nein, das möchte ich nicht. Die Fehler – wenn es denn wirklich solche waren – liegen in der Vergangenheit. Und die Vergangenheit ist vorbei. Ich kann nichts von damals ändern. Es geht um das hic et nunc, um das Hier und Jetzt.

Ja, darum sollte es immer gehen, wobei manches in der Vergangenheit das Jetzt erklären könnte.

Du meinst, mein Problem liegt in der Vergangenheit?

Das könnte sein, wobei ich nicht meine, dass es an einem einzelnen Ereignis in der Vergangenheit liegt, sondern an einer permanenten Erfahrung damals, die dich in die Krise gebracht hat. Darüber sprechen wir heute nicht. Heute sprechen wir nach einer kleinen Pause weiter über den Tod und die Angst.

Lassen Sie sich durch den Gedanken an den Tod nicht das Leben vergällen. Sie wissen doch: Der Tod ist unvermeidlich und: der Tod trifft jeden. Stellen Sie sich lieber auf das Schöne im Leben ein (soweit jetzt möglich). Übrigens: das, was von Ihnen übrig bleibt, müssen nicht Sie selbst sein.

Der Nachtvogel

In diesem Kapitel werden Sie ermutigt, die Angst Ihrer Kinder ernst zu nehmen.

Über die Angst und die Bewältigung der Todes-Angst erzähle ich gerne eine Geschichte. Sie stammt aus einem Buch von Ursula Wölfel und trägt den Titel „Der Nachtvogel“[6]:

> Es war einmal ein kleiner Junge, der hatte immer Angst, wenn die Eltern abends weggingen und ihn allein ließen. Der Junge erzählte ihnen von der Angst, erzählte, dass in der Dunkelheit der Nachtvogel kommt, sich über ihn stürzen und fressen wolle. Die Eltern erklärten ihm, dass es der Schatten eines Autos war, weil die Jalousie sich nicht vollständig schließt und dass es kein Nachtvogel sei. Und so gingen sie weiterhin abends weg. Eines Nachts kam der Nachtvogel wieder und zeigte sich bedrohlich am Fenster. Der Junge geriet in Panik, nahm die Blumenvase und schleuderte sie gegen den Schatten. Das Fensterglas zerbrach. Wasser ergoss sich auf dem Fußboden. Der Junge hörte auf einmal die Stimmen der Eltern auf der Straße, machte die Eingangstür auf und lief den Eltern entgegen. Er erzählte, dass der Nachtvogel erneut gekommen war und dass er ihn selbst verjagt hatte. Die Eltern waren erbost, weil die Scheibe zerbrochen und der Fußboden nass war. Sie hätten den Schlüssel vergessen, hätten gerufen

---

6 „Der Nachtvogel“, nacherzählt aus: Die grauen und die grünen Felder, Ursula Wölfel, Beltz-&-Gelberg, Weinheim 2005

und kleine Steinchen an das Fenster geworfen, um ihn zu wecken, dass er ihnen aufmachte. „Nein, der Nachtvogel war es, der Nachtvogel“, beharrte er. Aber die Eltern gingen wieder am Abend weg. Der Nachtvogel jedoch kam nicht wieder, den hatte er vertrieben, er ganz allein.

Das ist eine wunderschöne Geschichte über die Angst und über die gefährliche Dummheit und Ignoranz der Eltern. Es ist eine Wahrheit, dass wir – der Junge in der Geschichte – um den Tod weiß und gleichzeitig nicht weiß. Normalerweise schützt uns unser Bewusstsein mit den Verleugnungsmöglichkeiten vor dem Schrecken des Todes. Bei dem Jungen gelang das mit seinem Bewusstsein nicht, also brach die Todesangst mit voller Kraft durch, symbolisiert durch den Nachtvogel. Gegen diese Todesangst hätte eine Verdrängung geholfen oder – wie Yalom[7]schreibt – der Glaube an einen Retter. Für viele Menschen scheint das der Glaube an Gott zu sein. Beim Jungen wäre es wohl Mutter oder Vater gewesen. Geholfen hätte es, wenn die Eltern um die Dramatik der Angst gewusst hätten. Wenn sie also nicht weggehen, wenn sie wissen, dass der Nachtvogel den Jungen bedroht. Wenn sie mit ihm sprechen und die Ernsthaftigkeit der Angst erkennen. Angst ist eine Bedrohung, Todesangst eine massive Bedrohung. Wir wissen es von unseren Patienten.

Ja, ich weiß es, aber ich habe keine Todesangst. Noch nicht einmal der spaßige Satz von Woody Allen – er habe keine Angst vor dem Tod, er wolle nur nicht dabei sein, wenn er

---

7 Irvin D. Yalom. Liebe, Hoffnung, Psychotherapie. btb 73173.

kommt – trifft auf mich zu. Eher glaube ich daran, dass das Wissen um den Tod mich reifer macht. Der Tod könnte mich auf anderer Ebene retten.

Wobei soll dich die Idee des Todes retten?

Mein wahres Ich zu finden.

Willst du deine Freiheit aufgeben, dich in meine Hände begeben, damit ich dich rette?

Nein, wiewohl ich mir manchmal vorkomme, als lebe ich in einem Gefängnis.

Wenn dem so wäre, dass du von deinem Gefängnis sprichst, dann schau doch einmal nach, ob nicht der Schlüssel deiner Gefängnistür innen steckt.

Also könnte ich mein Gefängnis verlassen – und frei leben.

Für deine Lebenssituation bist du selbst verantwortlich. Dein Lebensplan und du sind ein und dasselbe Wesen.

Du meinst – wie bei Sartre –, dass wir zur Freiheit verdammt sind?[8]

Ja, nur würde ich besonders in deinem Fall, nicht von „verdammt" reden, sondern von einer Lebenschance.

---

8 J.P. Sartre. Die Eingeschlossenen von Altona. rororo

Ich bin hier, damit du mir dabei hilfst, mein Leben richtig zu gestalten.

Du überforderst mich, wobei ich jemanden persönlich kenne, der dir dabei eine Hilfe sein kann.

Wer ist dieser Wundermensch?

Du selbst bist es.

Bitte unterscheiden Sie die beiden Begriff „Furcht“ und „Angst“. In der Regel können Sie eine Furcht benennen, was sie beherrschbar macht – eine Angst jedoch eben nicht. Also sprechen Sie über Ihre Ängste, damit sie zu einer Furcht werden.

Morris Goodman

In diesem Kapitel erfahren Sie, dass nicht die Hoffnung zuletzt stirbt, sondern man selbst.

Lehn dich zurück und höre zu, damit ich dir sage, wie ich dich empfinde: Warte nicht auf die Zukunft, um das bessere oder gar das beste Leben zu leben. Gestalte es jetzt und hier. Warte nicht darauf, dass ich dir Alternativen zu deinem Leben aufzeige. Das kannst du selbst gut genug. Du kannst Ereignisse beeinflussen, kannst sogar Menschen beeinflussen, kannst andere inspirieren. Du suchst mit deinen Mitmenschen oder Patienten nicht nach einseitigen, sondern nach gemeinsamen Lösungen. Du erteilst keine Befehle, sondern benutzt häufig das Wörtchen „weil".

Letzterer Satz stimmt, aber ansonsten habe ich das Gefühl, dass du von einem anderen Menschen sprichst und nicht von mir selbst.

An diesem Punkt scheint es mir wichtig, dein Problem zu suchen. Ich glaube, du bist auf der Suche nach deinem verlorenen Selbst.

Dabei helfe ich dir gerne, weil wir wissen, dass es nur wenige aussichtslose Situationen gibt. Wir wissen, dass wir auch Teilwahrheiten akzeptieren können und dass wir die Veränderung sind, die wir in dieser Welt sehen wollen. Wir sind also unser eigenes Placebo, wie Dispenza sagt. Also suchen wir oft nach einem akzeptablen Kompromiss oder nach Geschichten, die trotz einer ausweglos scheinenden Lage gut ausgingen. Übrigens steht in einem deiner Bücher die wundervolle, wörtlich zu nehmende Geschichte des aussichtslosen Falles von Morris Goodman. Erzähl sie bitte noch einmal und denke dabei an dich:

Ende des letzten Jahrhunderts stürzte Morris mit seinem Flugzeug ab. Er überlebte, aber er war schwerstverletzt. Neben unzähligen Brüchen, die seinen Körper heimsuchten, war er völlig gelähmt, konnte außer mit den Augen nicht kommunizieren. Hielt man ihm eine Buchstabentafel vor die Augen, konnte er bei den einzelnen Buchstaben zwinkern und eine Botschaft verkünden, die da lautete: „Ich will Weihnachten wieder laufen und reden können." Die Ärzte schlossen das angesichts der Verletzungen kategorisch aus und schüttelten insgeheim den Kopf. Morris bat um eine Kerze, die nie ausgehen durfte und er trainierte mit seinem Willen. So begann er zu sprechen, konnte sich wieder bewegen, konnte Schritt für Schritt gehen und verließ kurz vor Weihnachten auf eigenen Füßen das Hospital.

Ja, wir wissen, dass auch Ärzte sich irren können und zwar häufiger als wir ahnen.

Die Weisheit ist eben nicht nur die Kunst des Möglichen, was für uns alle bedeutet, für neue Erkenntnisse offen zu sein und deshalb selbst in ausweglos erscheinenden Situationen nicht aufzugeben. Also sei du in der Tat die Veränderung, die du in der Welt sehen willst.

Aber warum leide ich so? Was fehlt mir? Ich kann doch so viel! Zumindest versuchst du, mir das zu sagen. Ich selbst weiß, dass ich bei anderen Win-Win-Lösungen anstrebe. Ich pflege kein Alles oder Nichts Denken, habe keine Angst, Verantwortung zu übernehmen, bin offen für neue Erkenntnisse, toleriere Vieldeutigkeiten, kann im Umgang mit anderen Spannungen aushalten.

Bestimmt! Nur offensichtlich bei dir selbst nicht, vielleicht wegen der Spannungen in der Liebe.

Darüber möchte ich mit dir noch nicht sprechen. Jetzt noch nicht, vielleicht morgen, weil ich mir Worte überlegen muss.

Worte, die seit langem in dir schlummern.

Ja, vielleicht. Vor allem deswegen, weil ich nicht zu schnell richten und verurteilen will.

Geben Sie nicht zu schnell auf. Begehen Sie nicht den Fehler des Fuchses, der versuchte, hoch hängende Trauben zu erreichen, es aber nicht schaffte und sich davontrollte, wobei er sagte: die Trauben waren sowieso sauer. Woher will er es wissen?

Die Idee und die Tatsache der Liebe

In diesem Kapitel erfahren Sie, dass Sie in der Liebe nicht mit Dankbarkeit rechnen dürfen. Wobei es diese Erfahrung auch gibt. Besser ist es oft, nicht zu viel zu erwarten.

Lass uns beim Thema Liebe mit der Vergangenheit beginnen. Wir wissen, dass wir im Jetzt leben und die Vergangenheit nicht mehr verändern können, wohl aber im Gestern Antworten für das Heute finden können. Du sprachst schon liebevoll von deinem Opa. Ich erinnere mich, dass du bei deinen Großeltern aufgewachsen bist.

Ja, Oma und Opa waren liebevoll. Immer, wenn ich wegen meiner leiblichen Mutter traurig war, weil diese rüde, krude und brutal mit mir umging, kochte Oma mir ein Ei. Ich durfte bei ihr im Bett schlafen oder mich unter dem Bett verstecken, wenn ich traurig war.

Hast du eine Erklärung, warum deine leibliche Mutter so hart war und dich offensichtlich missachtete?

Ja, die Erklärung habe ich. Ich war kein unausstehliches Kind, aber vielleicht bekam ich die Prügel ab, die sie eigentlich meinem Vater zuteil werden lassen wollte. Wegen der Scheidung. Ich habe sie später einmal gefragt, aber sie wollte nicht antworten. Dann habe ich es so belassen, obwohl ich schon damals erkannte, dass sie sich in eine Sackgasse verrannte. Sie starb in geistiger Nacht.

Hast du sie gefragt, was sie im Leben wollte, welche Hoffnungen oder Erwartungen sie hatte?

Ich habe sie gefragt, bekam jedoch keine Antwort. Gerne hätte ich ihr gesagt: „Ich will deine Liebe, will geliebt und geachtet werden." Ich konnte es nicht fragen noch sagen und blieb jahrelang in meinem Schmerz.

Das verursachte Angst?

Ja, ich war damals ängstlich, habe jedoch heute keine Angst mehr, weder vor Verlust noch vor einer Liebesabhängigkeit.

Wir Therapeuten gehen doch davon aus, dass das eigentliche Thema unserer Klienten Existenzängste sind, dass sich diese Menschen mit der Unausweichlichkeit des Todes herumquälen, dass sie sich wie im Gefängnis fühlen, dass sie einsam sind und nach dem Sinn des Lebens suchen – ich beziehe mich hier erneut auf Yalom.

Ich persönlich habe keine Angst vor dem Tod, jedoch fühle ich mich wie im Gefängnis. Niemand sperrt mich ein, aber ich fühle mich innerlich blockiert und verharre in diesem Zustand. Deswegen bin ich hier. Diese Blockade muss weg!

Du weißt es und du weißt es doch nicht.

Kennst du die Lösung?

Ich könnte dir eine Antwort geben, die Lösung musst du am Ende selbst vollziehen.

Also nicht heute?

Heute bleiben wir bei der Liebe.

Aus Liebe wollte ich der Retter von E. und der anderen E. sein, vielleicht weil ich etwas Besonderes sein wollte. Meine Rettung wurde gerne angenommen, wurde aber nicht thematisiert.

Hattest du Dank erwartet?

Ich denke: ja. Nie hätte ich gedacht, dass statt Dank eine Trennung erfolgte, dass ausgerechnet mir so etwas wie eine Scheidung passiert.

Ausgerechnet? Liebe ist weder Geometrie noch Mathematik. In der Liebe geht es nicht ständig aufwärts. Die Idee der Liebe kann uns retten, die Tatsache der Liebe kann uns töten.

Über diesen Satz muss ich nachdenken. Lass uns morgen weitermachen.

Es ist töricht und sinnlos, sich über Versäumnisse in der Vergangenheit zu grämen. Die Vergangenheit ist definitiv vorbei. Die Vergangenheit kann allerdings ein Lernfeld sein, in der Gegenwart und in der Zukunft Fehler und Versäumnisse zu vermeiden oder zu reduzieren.

Ein Tag Warten

In dieser Geschichte erfahren Sie, dass wir miteinander reden müssen, um Schmerzen zu vermeiden. Sie erfahren auch, liebvoll mit gütiger Nähe auf eine Krise zu reagieren, um eine hilfreiche Botschaft zu vermitteln.

Ich bin als Therapeut wohl dem Irrtum verfallen, ich könnte mich heilen, wenn ich andere heile. Ich litt unter Hybris. Durch meinen grandiosen Irrtum habe ich mich meiner eigenen Abwehrmechanismen beraubt und keine neuen Abwehrmechanismen für mich selbst gefunden. Die Liebe betreffend war ich nicht in der Lage, ohne Illusionen zu leben. Es scheint so, als habe ich mich nie selbst besessen. Ich wollte unter allen Umständen Erfolg haben, bei E. und E. und auch heute noch bei M., dabei weiß ich, dass ich liebesfähig bin.

Wie definierst du „liebesfähig?

Nun, ich lebe gelassen und selbstbewusst im eigenen Körper, übe auch im sexuellen Leben keinen Druck aus. Ich bin mit mir versöhnt. Früher habe ich vor allem auch darauf geachtet, dass andere liebevoll sind, heute beschließe ich, mitfühlend und ruhig zu lieben, bin achtsam und nicht eifersüchtig oder neidisch.

Neid ist eh eine merkwürdige und letztlich krank machende Art der Anerkennung und des Lobes.

Neid bei anderen habe ich oft beobachtet. Letztlich waren es Menschen, die sich nicht in der Realität zurechtfanden. Wenn ich als therapeutischer Mensch versuchte, sie in die Realität zurückzuholen, habe ich oft beobachtet, dass diese Menschen lieber im Reich ihrer Illusionen bleiben wollten. Das hat mich dann gekränkt, weil ich ja unbedingt Erfolg haben wollte. Heute begnüge ich mich in solchen Fällen damit, meine intellektuelle Neugier zu befriedigen. Ich ärgere mich also nicht mehr darüber und tue, was ich tun kann. Ich höre mehr oder weniger geduldig zu und habe kein Mitleid.

Mitleiden ist ja auch nicht möglich, weil wir weder dessen oder deren Schmerz noch die Tiefe einer Depression persönlich kennen und diese Art von Leid auch nicht wollen.

Wir können nicht jeden heilen. Wir könnten es anstreben, dürfen aber nicht in die Hybris verfallen, wir könnten jeden heilen.

Das heißt, du kannst auch mich nicht heilen!

Ich kann es versuchen, wenn ich wirklich weiß, woran du leidest. Es ist ein Fortschritt, wenn du „gesund" werden willst, wobei ich dich nicht für krank oder bedroht halte. Offensichtlich ist dir selbst nicht bewusst, dass du tatsächlich einen Abwehrmechanismus in dir trägst, der dich daran hindert, zu erkennen, woran du leidest. Es macht mich traurig zu sehen, dass du kluger und oft weiser Mann dein Selbstwertgefühl so reduzierst.

Das klingt so, als wirfst du mir vor, dass ich an einem mentalen Infantilismus leide und mich von mir selbst entfremde.

Nein, das werfe ich dir nicht vor. Ich habe Achtung und Respekt vor dir und bin traurig, dass wir noch nicht den Kern deines Leidens gefunden haben.

Es gibt eine Geschichte von Hemingway[9], die zeigt, dass wir bei uns nahen Menschen in der Kommunikation Fehler machen und blind sind, wobei ich mit den Worten Fehler oder Blindheit dich wahrlich nicht meine. Die Geschichte heißt „Ein Tag Warten"; ich erzähle sie auf meine Weise:

> *Ich hörte, dass er die Treppe, die in mein Zimmer führt, herunter kam. Ich kenne doch den Schritt meines elfjährigen Sohnes. Was will der denn schon wieder von mir, so früh am Morgen? Ich hielt meine Augen geschlossen und atmete sanft, als wäre ich in tiefem Schlaf. Er blieb beharrlich am Bett stehen. Schließlich öffnete ich die Augen und sah ihn an. Blass war er, zwei rote Flecken verunzierten beide Wangen. „Ich kann nicht schlafen", sagte er, „mir ist kalt." – „Wenn dir kalt ist, dann setzt dich an den Ofen, er hat noch Wärme von gestern oder geh hoch in dein Bett und deck dich gut zu." Ich fügte hinzu: „Ich komme dann nach und schau nach dir." – „Wenn du meinst", sagte er und ging langsam die Treppe hoch, als ginge er zum Schafott. Ich seufzte, stand auf*

9 „Ein Tag Warten", nacherzählt aus: E. Hemingway. Der Sieger geht leer aus. rororo

und folgte ihm nach einer kleinen Weile. Er lag im Bett, starr und steif, die Hände über dem Bauch gefaltet. Er starrte die Decke an. Die Flecken auf seinen Wangen waren größer geworden. „Du hast Fieber", sagte ich. „Ich werde Dr. Watson anrufen. Du weißt, er ist Landarzt. Es kann eine Weile dauern bis er kommt." – „Wenn du meinst", sagte er erneut und starrte weiter die Decke über seinem Bett an. Ich ging runter, zog mich an, nahm die Gewehre aus dem Schrank und den Hund an die Leine, der sehr aufgeregt war. Ich wollte ein Volk Wachteln jagen und schießen, die ich gestern in der Nähe des Hauses entdeckt hatte. Es war ein klarer kalter Morgen. Es hatte ein wenig geschneit und gefroren. Der Hund war sehr aufgeregt. Ich entdeckte in der Nähe des Hauses einen Schwarm Wachteln, legte an, zielte und rutschte auf dem vereisten Untergrund aus. Der Hund hatte heftig an der Leine gezogen. Auf dem gefrorenen Boden hatte ich den Halt verloren. Der Schuss löste sich, ich verfehlte die Wachteln, und sie stoben davon. Ich war wütend, rügte den Hund und begab mich auf die Suche nach den Wachteln. In der Tat hatte sich das Volk Wachteln in der Nähe niedergelassen. Ich ermahnte den Hund streng, zielte und erwischte zwei Wachteln, die der Hund brav nach Hause apportierte.

Zu Hause sagte man mir, der Junge hätte gesagt, dass niemand in sein Zimmer kommen dürfe. Wir dürften das nicht bekommen, was er habe. Ich schüttelte den Kopf und ging nach oben. Der Junge lag wie vorhin im Bett, steif und starr, die Decke anstarrend. Die Flecken auf seinen Wangen waren größer geworden. Ich teilte ihm mit, dass Dr. Watson bestimmt gleich kommen würde. „Wenn du meinst“, sagte er zum dritten Mal. Ich frage ihn, ob ich im etwas vorlesen solle. „Wenn du meinst“, antwortete er. Ich nahm Stevensons „Schatzinsel“ aus dem Regal und begann zu lesen. Nach wenigen Minuten bemerkte ich, dass er gar nicht zuhörte, also legte ich das Buch zur Seite und schwieg. Ich erschrak, als er zu sprechen begann: „Wann, denkst du, dass ich sterben werde?“, fragte er mich. Ich starrte ihn fassungslos an.„ Junge, du wirst nicht sterben. Du hast eine Grippe. Dr. Watson wird gleich kommen und dir was geben“, antwortete ich. „Nein, ich werde sterben. In der Schule haben sie gesagt, dass man mit 44 Grad nicht mehr leben kann, und ich habe über 100.“ – „Junge, das ist ein anderes Thermometer. Bei dem einen Thermometer wird die Temperatur in Celsius gemessen und 38 Grad sind normal und bei dem anderen Thermometer wird die Temperatur in Fahrenheit gemessen und 100 Grad sind normal. Du wirst nicht sterben.“ – „Ich werde nicht sterben“, murmelte er und begann zu weinen. Als Dr. Watson kam war sein Fieber um 1,5 Grad gesunken.

Warum erzählst du mir jetzt gerade diese Geschichte?

Ich erzähle sie, weil wir über die Liebe, die Liebe von früher und über das Selbstbewusstsein gesprochen haben. Ich habe damals viel Glück gehabt, dass ich nicht krank und zu einem Fall für einen Therapeuten geworden bin. Wie der namenlose Junge in der Hemingway-Geschichte hatte ich weder in Mutter noch in Vater jemand, der sich nach mei-

nem inneren Befinden erkundigte. Es gab keine Namen, keine Anrede, noch nicht einmal ein „hey". Statt den kranken Jungen in sein Bett zu holen, schickt er ihn an den Ofen oder fort in sein Zimmer. Auf das Jagen legt er mehr Wert als auf die Nähe zu seinem Kind. Der Vater, aus welchen Gründen auch immer, befindet sich in einer Sackgasse wie meine leibliche Mutter damals auch. Dagegen konnte ich nichts unternehmen. An keine einzige Berührung – liebevolle Berührung – kann ich mich erinnern, wie gerne würde ich es. Nur an Schläge und Jammern, sie hätte kein Geld, erinnere ich mich. „Dein Vater gibt mir nicht genug." Manchmal schickte sie mich zu Fuß über die Rheinbrücke, um den Unterhalt von ihm in der Stadt zu holen, zu erbitten, darum zu betteln. Und wie oft kam ich dann mit leeren Händen zurück zu ihr und musste lügen, habe dann gesagt: „Ich habe ihn nicht angetroffen.", wobei mir sein Satz in Erinnerung ist „Die soll sparen!" **Die** *sagte er, es gab keine Namen, keine Vornamen, wie in der Hemingway-Geschichte.*

Möchtest du mir von deinem Vater erzählen?

Mein Vater war für mich lange Zeit Gott-Vater, der strafende unglaublich grausame Gott des Alten Testaments, der alles konnte und vermochte. Im Scherensprung über das Tennisnetz hüpfen zum Beispiel. Ich erinnere mich gerne an jenen Tag, an dem der Gott-Vater „starb" und Mensch wurde: Einmal musste er auf der Gegenfahrbahn in O. etwas besorgen. Die Fahrbahn war durch eine Stange für die Gleise der Straßenbahn abgetrennt. Mein Vater versuchte, mit seinem berühmten Scherensprung das Hindernis zu bewältigen, blieb jedoch hängen und fiel hin. Ich habe ihn beobachtet und später so getan, als habe ich sein Missgeschick nicht bemerkt. Aber klammheimlich habe ich mich über seinen Fehlversuch gefreut. Von da an wurde er ein Mensch.

Hat er dich je gelobt?

Vor anderen, wenn ich nicht dabei war, hat er das wohl getan. So hat man es mir erzählt. Direkt erst auf dem Sterbebett, als ich schon Doktor und Professor war. Meine Mutter erzählt mir Folgendes, um das zu erhellen: Bei der Abiturfeier musste ich als Schulsprecher eine Rede halten und hernach wurde ich noch einmal auf die Bühne unseres ehrwürdigen humanistischen Gymnasiums geholt, weil ich im Chor mitsang. Er sagte damals zu meiner Mutter: „Wie? Singen kann der auch?" Ein merkwürdiges Lob, ohne meinen Namen zu erwähnen. – Aber das habe ich dir doch schon erzählt.

Ich möchte gern mehr über dich als Therapeut wissen.

Heute nicht mehr, beim nächsten Mal gerne.

Unsere Kinder und Partner haben den Wunsch, von uns in ihren Ängsten durch Zuwendung und (sparsames) Lob wahrgenommen und geliebt zu werden.

Der gehaltene Elfmeter

Sie erfahren in dieser wahren Geschichte, dass ein gutes Ende schmerzhaft und schön zugleich sein kann.

Hast du mehr mit Gruppen gearbeitet oder lieber mit Einzelpersonen?

Weniger mit Gruppen, oft und besonders gerne mit Einzelpersonen. Ich war und bin noch heute ein Therapeut, der die Nähe der Menschen sucht, sie berührt oder von mir erzählt. Ich erzähle gerne Geschichten, wie du weißt, weil ich glaube, auf diesem narrativen Weg die Menschen eher bewegen zu können, sich für ihr eigenes Schicksal zu öffnen. Ich will dadurch Hoffnung schaffen und erhalten, dass die Menschen via einer Geschichte erkennen, dass es auch ein sinnvolles Leben vor dem Tod geben kann. Denke zum Beispiel an Borcherts Geschichte „Das Brot für morgen". Viele Menschen, die zu mir kamen und noch kommen, leiden daran, dass sie glauben, ihr Problem sei einzigartig. In den Geschichten wird offenkundig, dass es ähnlich gelagerte Probleme bei anderen Menschen gibt. Diese Probleme können sich auflösen. Auch eine Depression ist kein Urteil, das da lautet „lebenslänglich". Depression ist eine quälende Situation, aber nicht zwingend lebensgefährlich. Mit Freude beobachte ich, wie erleichtert Menschen sind, wenn sie entdecken: mein Elend ist nichts Einzigartiges. Wenn ich dann ihre Sorgen teile – nicht aus künstlichem und damit falschem Mitleid –, dann ist das wie eine Seelenreinigung. Ich verstehe mich mehr als einfühlsamen Freund und als

Begleiter in dieser Art von Nacht, versuche Ungewissheiten in Gewissheiten zu verwandeln. Erkläre, stelle klar und helfe damit bei der Bewältigung der Krise. Ungewissheit produziert Angst. Das zeigt auch die Geschichte vom Nachtvogel. Angst verschlimmert die Depression und fördert die Aktivität von bösen Zellen. Wenn ich berate, dann nicht aufgrund meines intelligenten Wissens, sondern durch meine empathische Präsenz, durch meine Anteilnahme und Fürsorge, durch Alternativanregungen, durch Altruismus und eben nicht durch Rat-Schläge, welche letztlich Schläge sind. Auch keine indirekten Rat-Schläge, sondern eher so etwas wie eine Alternativ-Anregung. Ich bin eher ein Geber denn ein Nehmer. Ich versuche, „meinen" Klienten den Vorteil zu geben, dass sie für sich und für andere wichtig sein können. Wenn sie feststellen, dass dies ein gutes Gefühl bedeutet, wenn sie anderen helfen oder für sie nützlich sind. Bei dir habe ich das Gefühl, dass du mir vermitteln möchtest, dass ich wertvoll für mich und andere bin und das selbst nicht sehe oder wahrnehme, für wahr nehme.

Ja, ich möchte dir ein Gefühl von Lebenssinn geben, für deinen persönlichen Lebenssinn. Wobei ich ahne, dass es bei dir ein Defizit gibt, das dich in deiner Selbstwahrnehmung blockiert.

Welche Blockade?

Noch ist es zu früh, meine Vermutung zu verbalisieren.

Du meinst, mein Defizit liegt in der Kindheit?

Deine Kindheit hängt damit zusammen. Möchtest du mir Szenen aus deiner Kindheit erzählen?

Nicht von meiner leiblichen Mutter oder nur am Rande von meinem Vater, eher von meiner Leidenschaft – dem Fußball. In diesem Zusammenhang erinnere ich mich an eine Episode, die ich mit meinem Vater – er war Fahrlehrer – erlebte. Zur Vorgeschichte: Im Bahnhofskino, AKI hieß es, sahen wir Fox Tönende Wochenschau und einen Bericht über das Fußball-Länderspiel Portugal – Deutschland, das Deutschland mit 3:0 gewann. Dabei schoss der Fortuna-Spieler Erich Juskowiak – ja eben jener Juskowiak, der bei der WM in Schweden vom Platz flog, weil er sich an dem Hamrin, der ihn zuvor mehrfach übel gefoult hatte, mit einem groben Foul revanchierte – aus 35 Metern Entfernung einen Freistoß ins gegnerische Tor. Unhaltbar für den Torwart, meinte mein Vater. Und ich 13-jähriger Pimpf sagte dann im Auto, dass der Ball haltbar wäre und fügte dummerweise hinzu, dass ich den gehalten hätte. Das Schweigen meines Vaters war merkwürdig, da er mich ansonsten in diesen oder anderen Dingen kritisierte. Nun, drei Tage später während einer Fahrstunde – ich saß im Auto, weil er mich vom Training abgeholt hatte – ließ er die Fahrschülerin ins damalige Rheinstadion fahren. Sie musste an einem Trainingsplatz, wo die Spieler der Fortuna übten, halten und parken. Er stieg aus, ging auf den Platz und sprach mit einem Spieler, es war jener Erich Juskowiak. Dann winkte er mir zu. Ich stieg aus und hörte, wie er sagte: „Erich, mein Junge behauptet, er könne einen Elfmeter von dir halten." Ich wurde ins Tor geschickt. Juskowiak legte sich den Ball zurecht. Die anderen Spieler feixten. Ich stand im

Tor und war wie gelähmt. Juskowiak lief an. Es ging alles so schnell. Ich konnte mir noch nicht einmal überlegen, ob ich nach rechts oder links springen sollte. Ich blieb in der Mitte stehen – und der hart geschossene Elfmeter prallte gehen meine Brust. Ich landete schmerzhaft getroffen im Maschendrahtzaun des Tores. Aber ich hatte den Elfmeter gehalten. Ich war stolz, aber ich bekam kein Lob von meinem Vater, wohl aber von den Fortuna-Spielern, die Beifall klatschten. Von dem Lob zehrte ich jahrelang.

Das Lob hat dir gut getan.

Ja, und deswegen bin ich süchtig nach Lob geworden.

Möchtest du noch eine weitere Fußball-Geschichte erzählen?

Nein, aber weil mir das Lob der Fremden gut getan hat, habe ich das Loben in mein sozialpsychologisches Konzept übernommen. Ich lobe gerne und betrachte das Loben als einen wichtigen Aspekt meiner Arbeit, denn Lob produziert meist Freude. Ich hoffe, dass es bei meinen Patienten zu einer Motivation führt, es mit anderen gleich zu tun.

Mit anderen Worten: du kümmerst dich gern um andere, bist dabei offen, auch für diskrete Berührungen, tolerant und hoffnungsvoll. Du richtest nicht, noch verurteilst du. Das alles deutet darauf hin, dass du mit dir versöhnt sein könntest.

Mag sein, leider bin ich es nicht.

Sag **noch** nicht!

Also bin ich geduldig und beobachte mich weiter geduldig.

Ja. Übe Achtsamkeit in der Gegenwart mit schlichter Freude und werde sehend. Dann kann niemand dein Selbst zerstören.

Ein diskretes Lob für einen anderen Menschen ist eine wunderbare Brücke für eine heilsame Zukunft – und sei sie zeitlich nur von knapper Dauer.

Sabine oder wer kann dagegen an

In diesem Kapitel erfahren Sie, dass es leicht möglich ist, einen anderen Menschen zu lieben: indem Sie ihn dort abholen, wo er sich gerade (emotional) befindet, indem Sie ihn sacht berühren und indem Sie ihm Zeit schenken.

Du bist ein narrativer Therapeut und liebst es, mit Geschichten Wahrheiten und Erkenntnisse zu vermitteln. Welche Geschichte ist dir besonders wichtig?

Die von Irmela Wendt – „Wer kann dagegen an?"[10]*. Ich erzähle sie dir aus meiner Erinnerung in Ich-Form nach:*

> *Ich mache mir Sorgen um meine Freundin Sabine. Sabine und ich gehen in dieselbe Klasse, und wir wohnen auch in der Kramgasse, ich bei meinen Eltern, sie bei ihrer Oma, weil der Vater von Sabine vor sieben Jahren gestorben ist und die Mutter in einer anderen Stadt lebt und arbeitet. Ich habe die Sabine ganz dolle lieb. Nur, seit drei Tagen ist sie nicht mehr in der Schule gewesen. Ich vermisse sie. Was ich weiß, ist, dass Sabines Mutter in der Stadt einen Mann kennengelernt hat. Sie wollen heiraten, aber der Mann hat wohl gesagt, dass Sabine auch danach bei ihr Oma bleiben soll. Darüber war Sabine traurig und wütend. In ihrer Trauer und Wut hat sie dann einen Brief an die Mutter geschrieben, dass das*

10 Nacherzählt aus „Wer kann dagegen an?", Irmela Wendt, geb. Ausgabe 1985

ein böser Mann wäre, wenn er sie nicht aufnähme. Nun sind drei Tage vergangen, und Sabine ist nicht da, war nicht in der Schule. Ich gehe durch die Kramgasse, nur so, und sehe, da ist ja ein Brettertor zwischen Sabines Haus und dem Nachbarhaus. Ich wüsste nicht, dass ich es schon vorher einmal gesehen hätte, dabei wohne ich doch schon immer hier. Ich trete gegen das Türchen, es gibt nach, und ich trete in einen kleinen gepflasterten Hof. In der Ecke ein fast kahler Holunderstrauch mit ein paar blauschwarzen Beeren dran. Davor kauert wer – die Arme um die Beine geschlungen wie einen Streifen Einwickelpapier. Ich muss gar nichts sagen. Ich erkenne sie am Kleid. „Sabine", sage ich. Ich sage noch dreimal „Sabine" und lasse mir jedes Mal ein wenig Zeit dazwischen. Schließlich hebt sie den Kopf. Ihr Gesicht sieht aus wie ein aufgequollener Schwamm. Ich muss gar nichts fragen, ich sage es einfach so: „Deine Mutter hat dir geschrieben." – „An die Oma", antwortet sie, „dass sie besser aufpassen soll auf mich, damit ich nicht mehr solche Briefe schreibe. Der Mann hat den Brief aufgemacht und gelesen." Ich stelle mir mit Schrecken vor, dass er gelesen hat, dass er böse ist, wenn er Sabine nicht aufnimmt. Und wenn er vorher schon keine Lust gehabt hat, sie aufzunehmen, dann hat er bestimmt jetzt erst recht keine mehr. „Das ist traurig", sage ich, weil es ja wirklich traurig ist, wenn sich jemand was wünscht wie Sabine, und das Gegenteil kriegt sie. Ich gehe zum Holunderstrauch und pflücke ein paar von den blauschwarzen Beeren, zerdrücke sie und betupfe mit dem Saft mein Gesicht. „Was machst du da?", fragt Sabine.

"Ich male mir das Gesicht mit Trauerfarbe an", antworte ich. „Mal mich bitte auch an", sagt Sabine. Also male ich sie auch an und danach sage ich, dass wir doch von hier weggehen sollten, hier wäre es doch nicht schön. Zu Tobias könnten wir gehen, der ja auch nebenan in der Kramgasse wohnt. Also verlassen wir diesen unwirtlichen Ort und sehen schon auf der Gasse, dass Tobias mit seiner Schildkröte Cache im Garten spazieren geht. Sabine sagt, sie wäre noch nie bei Tobias gewesen, ich soll doch bitte vorgehen. Als Tobias uns sieht, fragt er, warum wir uns denn so dunkel angemalt hätten. „Sabines Vater ist gestorben", antworte ich. „Das wusste ich ja gar nicht", antwortetet Tobias. Wann der denn gestorben ist, fragt er. „Vor sieben Jahren", sagt Sabine, und ich ergänze, dass sie so gut wie sicher einen neuen Vater bekommen hätte, aber der das nicht will. „Und das ist so gut wie gestorben", ergänze ich. „Bei gestorben macht man eine Beerdigung", erklärt Tobias. „Ich bin der Pfarrer und beerdige Cache. Die lässt sich das gerne gefallen. Als Trauergemeinde müsst ihr aber weinen. Ich tue so, als ob ich weine. Sabine weint ganz echt. Tobias sagt, sie soll weinen, so viel sie drin hat. Er häufelt Erde und Blätter auf die Schildkröte, die sich das gerne gefallen lässt. Dann sagt Tobias: „Jetzt machen wir was anderes. Jetzt ist Sabine die Braut. Jetzt kann sie heiraten." – „Und wen soll ich heiraten?", fragt Sabine. „Du kannst heiraten, wen du willst. Aber denke daran, wenn du Udo heiratest, dann schlägt er später deine Kinder." Sabine meint, sie will nicht, dass ihre Kinder geschlagen werden, sie würde lieber mich heiraten, was mich erfreut,

da ich sie ja so lieb habe. Tobias fragt, ob ich unter den gegebenen Umständen damit einverstanden sei. Deshalb sage ich ganz schnell Ja.
Wir hätten ja das größte Glück aller Zeiten, meint Tobias, er sei doch der Pfarrer, er könne uns sofort trauen, was ich freudig bejahe und Sabine wohl auch. Er steckt uns Ringe aus Gras an, erklärt uns zu Mann und Frau, holt was zu trinken aus der Küche. Und dann ist es sieben Uhr. Als ich Sabine nach Hause bringe und mein Zuhause erreiche, ist es halb acht. Ich überlege, was ich der Mutter sage, warum ich so spät bin. Die ganze Geschichte zu erzählen, das wäre höchst kompliziert. Ich sage deshalb, dass ich geheiratet habe und das ging einfach nicht schneller.

Warum ist dir diese Geschichte so wichtig?

Sie ist mir deswegen wichtig, weil sie mir zeigt, dass du im Leben und besonders in der Liebe den anderen dort abholen musst, wo er sich befindet, auch in seiner Trauer und Angst. Wir Männer können Frauen leicht abholen, wenn sie gut drauf sind, aber eben nicht in deren Not, Schmerz und Angst. Das haben wir nie gelernt – weder in der Schule noch im Studium. Diese Geschichte ist mir auch deswegen wichtig, weil sie zeigt, dass Berührungen helfen und sich für den anderen Zeit nehmen (er braucht für circa 200 Meter Kramgasse eine halbe Stunde).

Was hat es mit dem Buch auf sich, dass du beim Warten gelesen hast und das jetzt auf deinem Schoß liegt?

Ich bereite mich auf einen Vortrag über „Migräne" vor, den ich im Frühjahr halten soll. Das Buch stammt von Oliver Sacks[11]*, den ich persönlich in New York kennengelernt habe. Als ich mich auf den Vortrag vorbereitete, erinnerte mich an eine frühere Studentin, die mir en passant von ihren Migräne-Attacken erzählte und nach einem bestimmten Medikament fragte, das es offensichtlich nur in den USA gibt. Ob ich es ihr nicht bei meiner nächsten Reise dorthin mitbringen könne. Das habe ich verneint und war auch nicht sicher, ob es tatsächlich ein Medikament gibt, das hilft. Ich hörte von den Medizinern, dass es eine Fülle von Medikamenten gegen Migräne gibt, die aber bei dem einen helfen und bei dem anderen nicht. Im Buch vom Oliver Sacks wurde ich bestätigt und war erstaunt, dass schon vor 2000 Jahren Hippokrates vor einem Rätsel bei dieser Erkrankung stand und in Europa erst 1970 eine Spezialklinik für Migränekranke errichtet worden ist. Migräne ist mehr als ein Kopfschmerz. Der Rat der Ärzte, damit müsse man einfach leben, genügt mir nicht.*

Was heißt „Migräne" übersetzt?

„Gespaltener Kopf". Und die Begleiterscheinungen wie Halluzinationen, Übelkeit, Sehstörungen etc. wurden sehr merkwürdig behandelt. Wegen der „schwarzen Galle" empfahl man eine sehr spärliche Nahrungsaufnahme und den Verzicht auf Fett und Gewürze. Andere meinen bis heute, dass Verstopfung die Ursache sei und Abführung helfe. Aderlass

---

11 Oliver Sacks. Migräne. rororo 19963

war ein damals als probat definiertes Mittel gegen die „Ursache Fettsucht und Migräne". Mittlerweile weiß man, dass es Irrwege waren – genau wie die Berufung auf den Wechsel der Jahreszeiten oder dass Migräne peripher im Magen oder Uterus entsteht. Lange Zeit wusste man auch nicht, dass die Migräne oft unerträglich, aber dennoch gutartig ist.

Migräne ist also eine Art von Nervenleiden?

Ja, davon gehe ich aus. Es kann auch der Magen sein, weil Magenschmerzen einem Migräneanfall vorausgehen. Viele physiologische Ereignisse spielen eine Rolle wie außerordentliches Kälte-Empfinden, Körperlähmungen, depressive Stimmung.

Gibt es auch emotionale Aspekte, Aspekte aus dem Bereich der Psychologie?

Ja, schon früh sprach man von einem „Nervengewitter", aber vor allem ist sie ein körperliches Geschehen, dass parallel auch ein emotionales sein kann.

Emotionen als Ursache einer Migräne?

Das weiß ich nicht. Davon geht Dahlke aus und spricht von einer Verlagerung sexueller (Un)Lust vom Unterleib in den Kopf. Nach meiner Meinung ist die Migräne vor allem eine biologische Reaktion.

Auf was?

Auf den Verlust der Liebe vielleicht. Liebe produziert häufig Kopfzerbrechen bis hin zu der Aussage: Zuwendung ist nun unerwünscht. Liebe bringt Verzweiflung. In dem Wort steckt die „zwei", die Spaltung, wie in dem Wort Migräne auch: der halbseitige Kopfschmerz, ein Druck, der doch nicht zur Liebe gehören darf.

Wie löst du diesen Druck auf?

Indem ich mir vorstelle, ich besäße die Liebe nicht, ich hätte sie verloren. Dann würde ich sie vielleicht vermissen.

Was ist dann, wenn du persönlich die Liebe verloren hast?

Derzeit würde ich keine neue suchen, sondern vielleicht Texte für diese Karten entwerfen, solche über das Glück, die Liebe, den Lebenssinn oder für Glückskekse beim Chinesen. Findest du das albern?

Nein. Weißt du, mein Kollege und Freund: Ohne Geländekarte der Liebe begibst du dich in ein fremdes Land.

Nun denn. Das Bedrohliche an der Liebe ist, dass sie dir in schier hoffnungslosen Situationen vorgaukelt, dass eine Veränderung noch möglich sei. Und das führt oft zu jenen Kopfschmerzen, die wir mit der Migräne in Verbindung bringen. Liebe hinterlässt Spuren, die Liebe ist oft ein einziges Sorgen mit manchmal hässlichen Spuren.

Wie der Glaube an Gott, nicht wahr?

Ja, das stimmt. Schon die Zehn Gebote hinterlassen hässliche Spuren. Deswegen hat sie Martenstein umformuliert. Morgen lese ich dir die neuen Zehn Gebote vor, heute erzähle ich dir einen Witz über die Zehn Gebote:

> *Moses ist unterwegs, um auf dem Berge Sinai von Gott die Gebote zu empfangen. Als er zurückkommt, bestürmen ihn seine Leute, wie es denn gewesen sei und was Moses zu berichten habe. „Ich habe zwei wichtige Mitteilungen zu machen, eine positive und eine negative. Die positive ist: ich konnte Gott auf Zehn Gebote runterhandeln, und die negative lautet: Ehebruch ist noch dabei."*

Eine köstliche Anekdote! Ich möchte hinzufügen, dass die gängige Aussage „Ehebruch" nichts darüber aussagt, ob der Ehebruch nicht etwas Positives ist. Denn ein Bruch kann auch sinnvoll sein, wie zum Beispiel ein Beinbruch sinnvoll ist, um endlich für eine Weile zur Ruhe zu kommen, um nachzudenken.

Es macht mich darüber hinaus nachdenklich, dass die Ehe als etwas Heiliges und Unzerstörbares gesehen wird, und die Paare sich ewige Treue schwören. Dass sie es am Traualtar möchten, bezweifle ich nicht. Nur: die Liebe ist keine mathematische Gleichung, die immer aufgeht. Menschen verändern sich.

Offensichtlich hast du es selbst erlebt.

Leider mehrfach.

Leider?

Nein, nicht leider.

Manchmal gibt es im Leben eine Tür zur guten Veränderung die wir übersehen haben.

Die Zehn Gebote

In diesem Kapitel werden Sie ermutigt, eigene Zehn Gebote für ein sinnvolles Leben zu formulieren und umzusetzen.

Ich möchte dir gerne die Neufassung der Zehn Gebote nach Martenstein[12] *vorlesen und dann meine Neufassung:*

Zitat:
„Du sollst dich nicht immer gleich aufregen.
Du sollst berücksichtigen, dass kein Mensch perfekt ist, auch du nicht.
Du sollst anderen die Möglichkeit geben, Fehler zu machen und daraus zu lernen.
Immer gleich die Moralkeule zu schwingen, ist auch unmoralisch.
Du sollst keine schnellen Urteile fällen.
Du sollst deine Mitmenschen nicht überwachen.
Du sollst deine Mitmenschen nicht ohne Not erziehen.
Du sollst dich nicht für jeden Pippikram zuständig fühlen.
Du sollst Ausrufungszeichen nur ganz vorsichtig verwenden.
Du sollst, wenn du unbedingt klauen willst, nicht bei mir klauen."

Amüsant, besonders das 10. Gebot. Wie nun lautet deine Neufassung der Gebote?

---

12 Harald Matenstein „Über das Sankt-Florians-Prinzip", ZEITMAGAZIN Nr. 49/2014 – 17.12. 2014

1. Du bist dein Gott.
2. Du bestimmst deine Zeiten.
3. Du sollst nicht in böser Absicht andere verletzen, kränken oder beleidigen.
4. Du sollst das Unvermeidliche akzeptieren.
5. Du brauchst keine Angst zu haben.
6. Du sollst dich in deinem Handeln, Denken und Fühlen bejahen.
7. Du sollst deine Veränderungen annehmen.
8. Du sollst deine Kinder nicht als dein Eigentum betrachten.
9. Du sollst eigene Entscheidungen treffen.
10. Du sollst nicht nach Glück streben, sondern nach Zufriedenheit, nach Frieden.

Ich möchte dir gerne in „Ich-Form“ meine Zehn Gebote nennen, ja sogar noch ein 11.:

1. Ich kann loslassen.
2. Ich bin frei, ich selbst zu sein.
3. Ich nehme an der Wahrheit teil.
4. Ich betrachte Schmerz als Heilmittel.
5. Ich traue meinem ersten Eindruck.
6. Ich liebe „Win-Win-Lösungen“.
7. Ich suche Alternativen.
8. Ich bin produktiv.
9. Ich kümmere mich liebevoll um andere.
10. Ich bin gelassen und aufmerksam.
11. Ich bin mit mir selbst gut befreundet.

Ja, so sehe ich dich auch und wünschte mir, ich könnte auch immer so von mir reden.

Du liebenswerter, kluger Narr! Ich habe auch von dir geredet. Als dein Freund erlaube ich mir, dich zu korrigieren. Du wirst es akzeptieren. Es geht um das Wörtchen, die adverbiale Bestimmung „immer". In negativen Situationen sind Wörter wie „nie, niemand, alles, nichts, immer" falsch. Ich gebe dir ein Beispiel: Wenn eine Frau zu ihrem Mann, der relativ spät nach Hause kommt, sagt: „Du bist nie da.", dann kann der Mann sich umdrehen und gehen, denn er ist ja nicht da, obwohl er da ist. Natürlich war er oft da, vermute ich.

Wie hätte sie denn formulieren müssen, um das „nie" zu vermeiden?

Ich empfehle, in solchen Situationen, einen Satz mit „ich" zu beginnen, zum Beispiel: „Ich hätte mir so sehr gewünscht, du wärest früher gekommen." – und dann mit "weil" den Satz fortführen. In negativen Situationen sind die Wörter „nie, nichts, immer" etc. wenig hilfreich. In positiven Situationen können sie dagegen schön und hilfreich sein. Zum Beispiel: „Nie hätte ich gedacht, dass ich mit dir so glücklich bin."

Deine Art und Weise der Therapie ist der meinen ähnlich. Wir bleiben nicht beim Thema, wie zum Beispiel der Migräne, sondern kommen – wie meine Oma zu sagen pflegt – „vom Hölzchen auf Stöckchen", was aber auch bedeutet: wir befinden uns mitten im Leben.

Oder wie Yalom sagt: wir sind existentielle Therapeuten. Vielleicht gehört auch das zu einer menschlichen Gesellschaft, dass wir dadurch einander zu verstehen versuchen, wenn wir uns mit der Existenz der anderen vertraut machen, um ihre Standesvorurteile und ihre persönlichen Borniertheiten einordnen zu können. Dann bist du nicht mehr entzweit von deiner eigenen Existenz. Auch wissend, dass der Himmel hart wie Eisen sein kann und die Bäume wie in Erz gegossen. Ich habe darüber ein Gedicht geschrieben; es trägt den Titel „Stille Verzweiflung“:

Stille Verzweiflung
Entzweit
Bin ich mit mir,
mit diesem Himmel aus Eisen
Alles hart
Wie in Stein gehauen,
die Bäume sogar.
Kein Blatt
bewegt sich.
Es schweigt
Jeder Vogel.
Fast nichts
empfinde ich,
niemand für ein Stück Weg
oder die zweite Meile.
Allein
und in schlechter Gesellschaft
ich

Erneut bitte ich dich, mir deinen therapeutischen Ansatz zu schildern, deinen existential-therapeutischen Entwurf oder deine Kunst der Therapie.

Warum noch einmal?

Um dich noch besser kennenzulernen, um dir bei deiner Suche nach meinem verlorenen Ich behilflich zu sein.

Hier im Sessel, dir gegenüber, kann ich es nicht. Lass uns spazieren gehen, damit ich dich nicht so oft anschauen muss.

Sich nur und ausschließlich auf die biblischen Zehn Gebote zu verlassen und zu berufen, kann das Leben einengen. Leben Sie würde- und respektvoll nach Ihren eigenen Geboten und fragen Sie sich dabei: Wem schade ich? Wem nutze ich?

Der therapeutische Weg und „Der Wanderhut“

In diesem Kapitel lernen Sie, dass Vorschläge zu machen oder zu beherzigen, Schmerzen verursachen kann, weil es eben doch „Schläge“ sind, die nur selten hilfreich, aber leider oft schmerzhaft sind.

Früher war es mir als Mensch und Therapeut wichtig, Leidfreiheit anzustreben. Das ist edel, aber eben auch falsch. Aus meinem eigenen Leben weiß ich, dass wir lernen müssen, selbst Leid und Angst zu bewältigen. Ein guter Therapeut (und dass sind oft nicht die diplomierten), muss gemeinsam mit dem Patienten Wachstumshindernisse beseitigen, damit eine Eichel zur Eiche wird. Yalom spricht in diesem Zusammenhang von einer gemeinsamen Reise von Therapeut und Patient. In der Tat habe ich oft gemeinsam mit Patienten Reisen unternommen, oft nach Teneriffa, weil ich mich dort im Norden gut auskenne und zudem die Sprache spreche. Manche dieser Reisen mussten unvorbereitet angetreten werden, ohne Sicherheiten oder die als unglaublich wichtig angesehenen Visa für Seelenländer, deren Grenzen oft genug schwer bewacht waren.

Hast du als Therapeut eher zugehört und geschwiegen?

Ich bin kein schweigsamer Begleiter, was bisweilen zu einer gewissen Ungeduld geführt hat. Ich will nicht, dass eine Therapie, eine Seelenreise, eine Veränderung zum Guten Jahre dauert. Um auf die Welt zu kommen, benötigen wir neun Monate. Um neu als Erwachsener auf die Welt zu kommen, sollten wir nicht länger brauchen. Viel länger als diese Zeit sollte diese Reise nicht dauern. Während dieser „Reise" mache ich Vorschläge, wissend darum, dass der Patient dies bisweilen als „Schläge" empfindet.

In der Tat sind manche Vorschläge wie auch Ratschläge etwas Schmerzhaftes. Heilung ist eben auch im Seelischen oft mit Schmerzen verbunden.

Ja, die Wahrheit schmerzt. Ich möchte dir dazu eine Geschichte erzählen, damit du mein Vorgehen in einer konkreten Situation nachvollziehen kannst, auch wie ich „Ratschläge" ausspreche. Ich überschreibe sie mit „Der Wanderhut":

> Sie saß auf meiner roten Couch und begann sofort zu sprechen: „Ich habe von Ihnen geträumt." Sie schaute mich lange an, senkte dann den Blick und fuhr fort: „Ich ging durch Ihren Garten die Treppe hoch und sah unter dem Blutahorn Ihre Hängematte auf dem Boden liegen; daneben lag Ihr Wanderhut und Ihr Wanderstab. Sie selbst waren nirgends zu sehen. Ich wollte Ihren Wanderhut aufheben, um ihn an den Baumstamm zu lehnen. In meiner Hand zerbröselte er zu Staub. Ich erschrak. Als ich den Stock an den Baumstamm lehnen wollte, entdeckte ich zu meinem Schrecken, dass der Stab zerbrochen war." Erneut schaute sie mich an. „Nun denn, das also war Ihr Traum. Warum ist er so wichtig, dass Sie ihn mir gleich zu Anfang unserer Stunde erzählen möchten?" – „Ich hatte Angst, dass Ihnen etwas passiert sein

könnte. Sie sind ja so viel unterwegs, im Ausland und so, Sie und Ihre junge Frau." – „Sie haben also Angst, dass mir ein Unglück widerfährt und Sie sich dann eventuell einen neuen Therapeuten suchen müssen?" – „Ja, und das will ich nicht, kann ich nicht!" – „Sie könnten es sehr wohl. Es gibt Dutzende von guten Therapeuten." – „Mag sein, aber ich will Sie." – „Auch wenn ich nicht mehr hier bin oder ich sterben sollte, wird das Leben weitergehen. Ich vertraue darauf, dass was von mir übrig bleibt, ich nicht selbst sein muss." Sie schwieg. Ich betrachtete die Frau, die auf meinem roten Sofa saß. Unbestritten eine schöne Frau, die blauen Augen entbehrten allerdings ein wenig der Wärme. Sie bemerkte, dass ich sie anschaute, und ihre Lippen formulierten langsam eine neue Frage: „Wenn Sie mit Ihrer Frau verreist sind, denken Sie dann manchmal an mich?" Ich antwortete, dass ich in der Tat unterwegs über die Probleme der Menschen nachdenke, die zu mir in die Praxis kommen. Ihre Stimme wurde eine Nuance lauter und schriller. Sie formulierte eine neue Frage: „Das habe ich nicht gefragt. Ich wollte wissen, ob Sie dann an ***mich*** denken?" – „Was genau möchten Sie wissen?" – „Ich bin eine Frau, schauen Sie mich an. Bin ich zumindest manchmal als Frau in Ihren Gedanken und Träumen? Begehren Sie mich? Stellen Sie sich hin und wieder vor, wir beide wären ein Paar, Mann und Frau?" Ihre Stimme wurde wärmer und weicher. Ich betrachtete sie und antwortete: „In einer anderen Zeit und unter anderen Umständen könnte ich mir dies durchaus vorstellen. Aber jetzt leben wir in dieser Zeit, und Realität ist, dass Sie zu mir kommen, weil sie glauben, ich könnte Ihnen helfen. Und Realität ist auch, dass es in meinem Leben eine Frau an meiner Seite gibt, die ich aus guten Gründen nicht verlassen möchte. Mehr möchte ich nicht dazu sagen." Sie schwieg. Ich fuhr fort: „Und nun lassen Sie uns mit der Arbeit beginnen. Fangen wir am besten mit Ihrem Traum an." Ich erläuterte ihr, dass es einen Widerspruch in der Realität im Gegensatz zum Traum gäbe – nämlich, dass es im Garten keine Hängematte gäbe, und mein Wanderstock bei Herbert im Haus in Teneriffa liegt. Vermutlich hat sie mich mit Wanderhut und Wanderstock auf einem Foto gesehen, das in der Praxis hängt und vor dem Teide aufgenommen wurde. Ich erläuterte ihr, dass der Traum in der Tat aus meiner Sicht mit einem Wunsch und mit der Angst zu habe, auch ohne mich „matt" herum zu „hängen", keine Stütze mehr zu haben. Ich empfahl ihr, danach zu streben, selbst für sich Stütze zu sein, auf der Hut zu sein und sich nicht gefährlichen Illusionen hinzugeben.

Ja, das müssen wir alle lernen, sich von Menschen zu lösen, sie nicht als Krücke oder Wunschobjekt zu benutzen. Es ist eine große Kunst, dies als Therapeut ohne gutgemeinte Rat-Schläge zu formulieren.

Das letzte Ziel jedes Therapeuten sollte tatsächlich darin bestehen, sich selbst überflüssig zu machen. Wir dürfen andere Menschen nicht von uns abhängig machen, auch in der Liebe nicht.

Falls Ihr Therapeut Ihnen keine „Rat"schläge mehr macht (oder überhaupt auf solche verzichtet), dann kann das auch bedeuten, dass es sich um einen liebevollen und geduldigen Begleiter handelt, dem Sie vertrauen können.

Der gute Therapeut

In diesem Kapitel werden Sie motiviert, sich jenen Therapeuten auszusuchen, der Sie würdevoll, respektvoll und gütig betreut, der viele Zugänge zu Ihrem (bedrohten) Ich sucht: Träume, Alpträume, verrückte (!= vom „Normalen“) weggerückte Äußerungen und Einsichten.

Ein guter Therapeut kennt das Leben und hat seine eigenen Erfahrungen mit dem Leben und den Schattenreichen der Angst, der Depression und des Leides, weil er schon dort zu Gast war. Wie gesagt: eine Therapie sollte nicht länger dauern als neun Monate. Danach muss ein Fortschritt deutlich und erkennbar sein. Fortschritt bedeutet: weniger Angst, mehr Mut, mehr Lachen und mehr Freude an kleinen alltäglichen Dingen, so banal sie sein mögen (zum Bespiel, dass es aufhört zu regnen und man ein Stückchen blauen Himmel sieht oder eben auf das Brot für morgen). Einen Patienten zu unterstützen, ihn zu motivieren oder zu begleiten, ist ein weiteres ehrenwertes Ziel eines guten Therapeuten. Dazu muss er lernen, mit den Augen des Patienten zu sehen. Nach der Sitzung sollte der Patient mit dem Gefühl eines Gewinns nach Hause gehen. Oder mit dem Gefühl, dass es einen Fortschritt zum Guten hin gegeben habe. Das wird nur dann möglich sein, wenn der Patient auch die Erkenntnis hat, der Therapeut habe sich ernsthaft um ihn und sein Problem bemüht. Das setzt für den Therapeuten voraus, sich in den Patienten hineinversetzen zu können, was nur dann möglich ist, wenn der

Therapeut die Schattenreiche selbst erlebt hat. Ein guter Therapeut muss zuhören können, auch auf das, was nicht gesagt wurde.

Ein guter Therapeut muss aber auch reden und aus einem reichen Repertoire an Lebens- und Leiderfahrung Hinweise, um nicht Ratschläge zu sagen, geben. Ratschläge deshalb – auch wenn sie wie Schläge manchmal wehtun –, weil Heilung eben oft mit Schmerzen verbunden ist. Manche Menschen, die zu uns kommen, entwickeln geradezu einen Hunger nach praktischen Tipps. Sie brauchen jemanden, der sie motiviert, etwas zu tun, nicht nur zu planen, was sie schon länger beabsichtigten. Zum Beispiel, jemanden einen Brief zu schreiben oder den Schreibtisch aufzuräumen.

Ja, dann sage ich oft: „Denken Sie nicht darüber nach. Tun Sie's einfach. Just do it." Letztlich geht es auch darum, den Patienten zu unterstützen, ihn zu stützen, indem ich ihn respektvoll und liebevoll berühre. Ein guter Therapeut sieht mit den Augen des Patienten. Nach der Sitzung muss der Patient mit einem „Gewinn" nach Hause gehen und das Gefühl haben, der Therapeut habe sich aufrichtig und ehrenwert um ihn gekümmert. Dazu muss er lernen, sich möglichst tief in den Patienten hineinzuversetzen. Wenn der Patient spürt, dass er dem Therapeuten wichtig ist, hebt es sein Selbstwertgefühl.

Die Gefahr besteht, dass der Patient das ausnutzt. Zum Beispiel, indem er am Ende der Stunde sagt, er habe noch etwas Wichtiges zu sagen und damit die Zeit überziehen will.

Ja, das habe ich oft erlebt. In solchen Fällen schließe ich dennoch pünktlich und mache einen neuen Termin. Der Patient darf keine Macht über mich haben. Es gibt noch jemanden, der keine Macht über mich haben darf, nämlich eine immerwährende Fixierung auf einen Psychologen oder die nach ihm oder ihr benannte Schule. Also weder ausschließlich Freud, noch Jung, noch Rogers.

Und Yalom?

Nun auf ihn und seinen existentiellen Ansatz baue ich, aber eben nicht ausschließlich. Da jede Patientin und jeder Patient eine ganz persönliche Geschichte hat und auch sonst einzigartig ist – zum Beispiel in den Ängsten oder Sehnsüchten –, braucht jeder Mensch seine eigene Therapie, die wir für ihn oder sie kreieren müssen. – Ich achte übrigens beim Beginn einer Sitzung darauf, die Frage zu stellen: „Was ist **heute** *Ihr dringlichstes Anliegen?" und folge dann dem Weg, das Problem des Patienten von vielen Seiten zu beleuchten, baue damit Vertrauen auf und verringere seine Ängste, weil er sich und sein Problem bejaht sieht. Bei großen, aktuellen Krisen warte ich nicht darauf, dass der Patient anruft, sondern ich rufe an.*

Und ich verzichte bei Krisen, die sich zum Guten wenden darauf, ein entgegenkommender Güterzug in einem Tunnel zu sein.

Mir ist es wichtig, die Menschen aus der Falle ihrer Bequemlichkeit herauszubringen, denn mir genügt es als

Therapeut eben nicht, nur über Alternativen nachzudenken. Ich warne meine Patienten auch davor, andere über das Glück zu beneiden oder von einem ganz anderen Leben zu träumen. Wir tun uns nichts Gutes, wenn wir unsere negativen Gefühle oder unsere Frustrationen um des „lieben Friedens" willen unterdrücken. Dieser Frieden führt zum Krieg mit uns selbst, bringt Krankheit und Sterben. Sprichst du von mir?

Ja, ich spreche auch von dir und deswegen suche ich als dein Freund und als dein Therapeut nach Alternativen. Für eine kleine Zeit möchte ich gerne dein „Motivator" sein und dich von deiner Not befreien.

Du kennst also meine Not?

Ich glaube ja, weil ich daran glaube, dass ein guter Mensch, wie du es bist, seine Chancen auf ein befriedigendes, friedvolles Leben erhöhen kann. Dazu braucht es die Wahrheit, denn nur die Wahrheit heilt.

Und was ist die Wahrheit mein Problem betreffend?

Gib uns noch ein wenig Zeit, bitte. Unterdrücke bitte das Gefühl, alles und sofort verstehen zu müssen. Das muss jeder Patient bei seinem Therapeuten akzeptieren. Der Mensch muss auch lernen, dass wer nicht Opfer war zwangsläufig zu einem Engel wird und dass du nicht für einen anderen sterben kannst. Dann fließt manche Bitterkeit ins Leere ab und speist sich eben nicht von Nichtigkeiten. Jeder Mensch hat das Recht, ein anderer zu werden, Brücken hinter sich abzubrechen, neue Brücken zu bauen.

Was ich weiß ist, dass der Mensch – ich – die Heilkraft meiner Trauer in der Trauer selbst finden kann. Und als Marathonläufer weiß ich auch, dass du nicht zu früh aufgeben sollst, nicht den Fehler des Fuchses machen darfst, der, als er die hoch hängenden Trauben nicht erreichte, enttäuscht davon trottete und bemerkte: "Die Trauben waren sowieso sauer." Wertvoll ist doch wohl auch das, was du dir nur erhofft hast. Wir dürfen das Glück nicht davon abhängig machen, dass alles gleich bleibt.

Und wir dürfen uns als wertvoll betrachten, wenn du dich zur Verfügung hast. Manchmal muss man auch das Schlimmste fürchten, um mit der Vernunft nicht zu straucheln, wobei Hoffnung, so sie denn denkbar ist, das Elends bestes Heilmittel ist. Deine Vergangenheit ist vorbei, und deine Morgendämmerung beginnt im Inneren deiner Seele, deines Herzens.

Ich möchte meine Vergangenheit nicht leugnen, dann würde ich mein eigenes unteilbares Leben leugnen.

Du sollst die Vergangenheit auch nicht leugnen, denn auch im Bösen der Vergangenheit war Gutes enthalten. Wir dürfen das Glück nicht davon abhängig machen, dass alles gleich bleibt.

Ja, das stimmt. Ich will auch nicht die Welt der damaligen Gefühle nicht verneinen.

Tätest du es, dann müsstest du mit schlimmen Folgen rechnen.

Ja, auch das weiß ich. Ich weiß auch, dass wir – ich – nur wenige Dinge und Situationen im Leben planen oder gar vorausberechnen kann. Allerdings komme ich mir bei deiner Art von Therapie vor, als stünde ich vor einer Mauer.

Manche Mauern sind kein Hindernis, sondern ein Schutz.

Es mag Sie traurig machen, wenn eine Therapie sich dem Ende nähert, und der Therapeut keine weiteren Termine für not-wendig erachtet. Genau das nämlich ist das eigentliche Ziel eines Therapeuten: Sie loszuwerden, weil Sie ohne ihn zurechtkommen können.

Die Stimmen des Bäckers

In diesem Kapitel erfahren Sie, dass es ein langer Weg sein kann, bis das Leben wieder „stimmig“ ist.

„Jetzt möchte ich dir eine Geschichte aus meiner Praxis über einen Ratschlag erzählen:

„Sie haben mir Medikamente gegeben, damit ich die Stimmen nicht mehr höre, aber ich höre sie trotzdem“, erklärte Silvio.

„Vielleicht sollten die Medikamente dich beruhigen, damit du weniger Angst hast.“ (Da wir beide Langstreckenläufer sind, duzen wir uns.)

„Ich habe jedes Mal Angst, wenn ich die Stimmen höre und dann bin ich überhaupt nicht mehr ruhig. Ich lasse die Dinger jetzt weg.“ Er meinte die Psychopharmaka.

“Sprich bitte mit deinem Nervenarzt, bevor du das tust.“

Er schwieg und blickte traurig auf den Boden.

„Erzähl mir doch bitte noch einmal, wann du diese Stimmen hörst und was diese Stimmen sagen.“

„Ich höre sie nachts. Ich verstehe nicht, was die Stimmen sagen, aber sie machen mir Angst.“

„Ist es der Tonfall oder erinnern dich die Stimmen an einen ganz bestimmten Menschen von heute oder von früher?“

„Der Tonfall ist es, ein gehässiger Tonfall, drohend, aber ich kann die Stimmen keiner bestimmten Person zuordnen.“

„Du sagst **gehässig** und **drohend**. Hat dich jemand bedroht oder hasst dich jemand?“

Er schüttelte den Kopf.

„Du hast **bestimmt** gesagt. Wer könnten diese bestimmte Personen sein, die dich hassen oder bedrohen? Eine Frau oder Freundin hast du nicht. Vielleicht der Vater (er zuckte leicht zusammen) oder einer deiner Angestellten? Ein Kollege aus der Bäcker-Innung?“

„Ich kann es nicht sagen.“

„Kannst du es nicht oder willst du es nicht?“

Er schwieg.

„Nun gut, dann fangen wir an einer anderen Stelle an. Erzähl mir bitte, was in deinem Leben **stimmt** und was nicht stimmt“, fuhr ich fort.

„Du spielst mit dem Wort.“

„Mit dem Wort schon, denn sie strömen nicht ohne Grund aus deinem Mund.“

Er begann mit dem, was in seinem Leben nicht stimmt. Keine Partnerin habe er. Sex zu kaufen, traue er sich nicht und traue es sich auch nicht zu. Wegen seines Berufes als Bäcker könne er sich auch nicht so intensiv wie nötig seinem Hobby, dem Langstreckenlauf, widmen. Die ungünstigen Arbeitszeiten, die Müdigkeit, der Konkurrenzkampf der Bäcker im Ort. Vor allem der eigene Vater, der bestimmt unzufrieden mit ihm sei.

“Hat er das einmal wörtlich gesagt, dass er unzufrieden mit dir ist? Hat er gesagt: ‚Silvio, ich bin unzufrieden mit dir.‘?“

Nein, das habe er nicht, aber Silvio habe beobachtet, dass der Vater ein Brot bei der Konkurrenz im Ort gekauft habe. Und das sei wie ein Schlag für ihn gewesen. Auch darüber würde in der Familie nicht geredet.

„Geredet wird sowieso nicht so viel.“

„Hast du ihn auf den Kauf angesprochen? Hast du ihn nicht bei dieser Gelegenheit daraufhin angesprochen, ob er mit dir als Sohn und dessen Backkunst nicht zufrieden sei?“

Silvio schüttelte den Kopf.

„Es könnte doch auch sein, dass der Vater die andere Bäckerei testen und einen Vergleich anstellen wollte."

Silvio schwieg.

„Mir scheint", fuhr ich fort, „im Falle des Brotkaufes könntest du dich irren. Deine Gedanken könnten nicht **stimmen.**"

„Warum hat er dann das Brot dort gekauft?"

„Um zu schmecken, dass sein Sohn, du, ein guter Bäcker ist, der keine Konkurrenz zu scheuen braucht."

Silvio schaute mich an. „So habe ich es noch nie gesehen, geschweige denn gehört."

„So könnte es stimmen, nicht wahr?"

Ein anderes Mal fragte ich ihn, was ihn denn in Stimmung bringe.

Er wurde wütend: „Erneut spielst du mit dem Wort! Du glaubst mir nicht, dass ich Stimmen höre!"

„Ich erkläre es dir noch einmal: ich spiele mit dem Wort, weil ich damit in deinem Fall weiterzukommen glaube; ich spiele wahrlich nicht mit dir. Ich glaube dir, dass du Stimmen hörst und darunter leidest."

„Dann bist du der Einzige!“

„Bin ich nicht, denn du glaubst ja auch daran. Abgesehen davon, dass jeder Mensch Stimmen hört, auf eine innere Stimme hört oder Worte von früher.“

„Mir machen die Stimmen Angst.“

„Möchtest du auf die Stimmen verzichten?“

Silvio schaute mich erschrocken an, dann wurde seine Stimme aggressiv: „Deswegen komme ich zu dir!“

„Weswegen? Wegen der Angst oder wegen der permanenten Stimmen in dir?“

Silvio schweigt.

Ich fahre fort: “Möchtest du auf **alle** Stimmen verzichten, die du hörst?“

„Darüber muss ich nachdenken. Wie war noch mal deine Eingangsfrage eben?“

„Was dich in Stimmung bringt?“

Viel war es nicht, was er aufzählte. Das Laufen, das Sonntagsessen bei Vater und Mutter, die stets hilfsbereite und freundliche Schwester.

„Und die Liebe?“, fragte ich.

„Die gibt es nicht, nicht in meinem Beruf bei den Arbeitszeiten.“

„Dann wäre doch eine Bäckerin eine passende Partnerin.“

„Die sind noch rarer als normale.“

Normale, fragte ich mich. Was meinte er wohl damit. Diese Frage stellte ich ihm nicht. Ich fragte weiter: „In deinem Geschäft muss ja keine Bäckersfrau sein, sondern jemand, der sich mit dem Leben eines Bäckers auskennt, eine Verkäuferin zum Beispiel.“

„Meine Verkäuferin ist zu jung.“

„Heißt das, wenn deine Verkäuferin älter wäre, würdest du sie dann fragen?“

„Wenn sie keinen Partner hätte, vielleicht.“

„Du sprichst im Konjunktiv, also weißt du es nicht, vermute ich.“

Silvio schwieg.

„Warum fragst du nicht die junge in deinem Geschäft? So groß kann der Altersunterschied ja nicht sein?“

„Sieben Jahre."

„Also frag sie oder willst du sie nicht fragen?"

„Ich kann es nicht."

„Hast du Angst, dass sie Nein sagt? Mach es trotzdem, dann hast du Gewissheit."

„Davon gehen die Stimmen auch nicht weg."

„Das kannst du erst wissen, wenn du es gewagt hast."

Beim nächsten Besuch fragte ich ihn, ob er die Stimmen keiner konkreten Person zuordnen könne. Er verneinte erneut. „Könnten es deine eigenen Stimmen sein, die du hörst? So ist es bei Menschen häufig, die viel mit sich selbst oder im Schlaf reden? Um das herauszufinden, lass doch einmal ein Tonband laufen und berichte mir dann, was du aufgenommen hast."

Drei Tage später rief er an und teilte mir mit, dass er in der Tat im Schlaf redet, aber das meiste sei so unverständlich, dass er nicht alles auf dem Tonband verstanden habe. Was er verstanden habe, waren Sätze über den eigenen Vater. Ich machte ihm den Vorschlag: „Sprich mit ihm direkt und frag ihn, was er an dir schätzt."

Wochen später teilte er mir mit, die Stimmen würden immer leiser, und er berichtete mit Stolz und Freude, er würde auch mit anderen mehr reden.

„Auch mit deiner jungen Angestellten?"

„Auch mit ihr!", antwortete er strahlend.

Er war aus dem Schatten der Angst getreten. Die Stimmen sind immer noch da, allerdings sind sie leiser und weniger häufig geworden.

„Ich kann damit leben", meinte er.

Es ist eine Lebensfalle, zu früh aufzugeben. Es bedarf manchmal unterstützender Hilfe von außen, um Kräfte und gute Argumente zu sammeln, um eine Lebenschance zu nutzen, die eben darin besteht, nicht aufzugeben.

Rück-Sicht

Sie erfahren in diesem Kapitel, dass wer den Himmel nicht in sich trägt, ihn „dort oben“ vergeblich sucht.

Ich sagte, auch in der Liebe dürfen wir uns nicht abhängig machen. Wieder und wieder versuche ich Menschen klarzumachen, dass die Liebe ein Kind der Freiheit ist und mit Kontrolle nichts zu tun hat. Was die Liebe betrifft, so gibt es merkwürdige sprachliche Spiele und Aussagen. „Amor te“ heißt: ich liebe dich. „Amorte heißt aber auch „tot sein“. Dazu erzähle ich dir eine Geschichte:

> Peter sagte, sie drehe ihm den Rücken zu, wenn wir in der Küche aufräumen. Martina meinte, er sei derart empfindlich, dass er alles und jedes von ihr deute. Ich fragte, ob es einen anderen Mann in ihrem Leben gäbe. Sie verneinte. Ihre Augen sprachen anders. Stunden später rief sie an und bat um einen neuen Termin, möglichst schnell solle er stattfinden und ohne Peter. Sie kam und berichtete ohne Einleitung, ja es gäbe einen anderen Mann. Dieser wäre der Grund für ihre Zurückhaltung Peter gegenüber. Aus Rücksicht und um ihn nicht noch mehr (!) zu verletzen, habe sie es verschwiegen und ihm gesagt, es sei nichts. Peter habe sie oft gefragt, ob es einen anderen Mann gäbe.
>
> „Er weiß es also“, kommentierte ich. „Und deswegen müssen Sie es ihm persönlich von Angesicht zu Angesicht sagen.“

„Dann werde ich ihn verletzen", meinte sie.

„Das ist falsche Rücksicht", erwiderte ich.

Damals, als sie zu mir kamen, dachte ich: was für ein gutes Paar, und war erstaunt, als ich zu hören bekam, dass es gegenwärtig eine Zeit der Distanz und des Fremdseins gebe. Vielleicht sei die Ursache das Kind, ein Junge, der anstrengend sei oder Peters Stress als Lehrer oder ihr Nebenjob und das Mobbing der Kollegen. Und dann der andere, der das Leben schön macht. Aber was ist dann mit Peter?

„Dann würden wir uns eine eigene kleine Welt aufbauen, die den Partner nicht ausschließt. Wir könnten versuchen, den anderen dort abzuholen, wo er sich gerade emotional befindet. Wir könnten lernen, sich in den anderen hineinzuversetzen. Ich würde ihm dann gerne vermitteln, dass die Liebe ein Kind der Freiheit ist, nicht der absoluten Freizügigkeit und dass man in einer Ehe die Rolle wechseln soll und darf: Mutter sein, im nächsten Augenblick Freundin, Geliebte, Trösterin, Prophetin, Spielgefährtin, Clown. Auffordern würde ich Peter, Wünsche jenseits von Geld und Zinsen zu entwickeln."

„Sprechen Sie von Peter oder von dem neuen?", fragte ich.

Sie antwortete nicht auf meine Frage. Sie fuhr fort: „Ja, es gibt den anderen. Er ist jünger und unverbraucht (!). Er muss sich nicht wie Peter mit gestörten und aggressiven Jugendlichen auseinandersetzen. Sie spiele mit dem Gedanken, das alte Leben aufgeben zu wollen, ohne sich um den anderen in der Ehe zu kümmern, sondern nur um seinen Obstgarten. Er hat doch Geld genug und hat zudem reich geerbt.

Ich dachte, sie setzt gestörte Jugendliche mit dem Alltag einer Ehe gleich und schwieg.

Nach unserem Termin erzählte Martina Peter von dem anderen. Daraufhin bat er sofort um einen Termin bei mir. Er wollte wissen, was er tun könne, um seine Frau zurückzugewinnen.

„Jeder, also auch Sie, haben das Recht, ein anderer zu werden. Also können Sie sich verändern, zum Beispiel Ihren Stress in der Schule verändern, reduzieren, mehr auf sich und Ihre Gesundheit zu achten, mehr Nähe zu Ihrem Sohn gewinnen. Aber nicht, um Martina zu beeindrucken, sondern weil es Ihnen und Ihrem Sohn gut tut. Lassen Sie Martina zu dem anderen gehen. Sonst muss sie lügen und tricksen. Sie hat sich für den Weg mit einem anderen entschieden, will den Versuch definitiv wagen. Ob der Weg gelingt, liegt – wie man sagt –, in den Sternen, zumal sie den Alltag noch nicht kennen. Vor allem: Brechen Sie den Stab nicht, trennen Sie das Band zwischen Ihnen und ihr nicht. Sie haben sich geliebt; Liebe verschwindet nur selten ins Nichts. Vielleicht hat sie sich nur verguckt, nicht genau hingeschaut und nur das gesehen, was sie sehen wollte. Ich hoffe, dass Martina dann die Größe haben wird, zurückzukommen. Es wäre fatal, dies aus falschem Stolz nicht zu versuchen und die Kraft und den Mut nicht aufzubringen, ihren Irrtum einzugestehen“, fügte ich hinzu.

Peter nickte. Ich hätte wohl Recht, meinte er – und machte in den nächsten Tagen fast alles falsch. Er stellte Martina in der Öffentlichkeit bloß, kontrollierte sie, versuchte den gemeinsamen Sohn als Druckmittel einzusetzen, wurde krank und benutzte die Krankheit auch als Druckmittel, spielte auf die finanzielle Situation „danach“ an.

Ich fragte ihn in einer der nächsten Stunden, ob er sich noch an die Situation damals in der Küche erinnert, als er erzählte, sie habe ihm den Rücken zugewandt. Das könne man durchaus so erklären, dass Martina sich von ihm abwandte.

„Aber es war auch Rücksicht in einem anderen Sinne. Sie wollte Ihnen den Schmerz der Wahrheit ersparen. Auch das ist falsch. Denn nur die Wahrheit hilft. Die Wahrheit ist, dass sie gegenwärtig mit Ihnen das nicht erleben kann oder glaubt, nicht erleben zu können, was sie mit dem Geliebten erlebt. Nehmen Sie darauf Rücksicht.

Treten Sie aus dem Schatten der Angst, die bei Ihnen lautet: Sie könnten ohne sie nicht leben. Lernen Sie, für sich zu leben. Suchen Sie die Vorteile eines anderen Lebens, damit Sie ein anderer sind, wenn sie zurückkommt. Sie sind verletzt worden. Wer nicht verletzbar ist, der ist weder begeisterungs- noch glücksfähig. Ihre Sorge ist töricht. Sorge hinterlässt Bitterkeit, die nicht abfließen kann und von Nichtigkeiten gespeist wird."

Ich mag es, wie du mit Worten wie zum Beispiel „Rück-Sicht" spielst, mag es auch, dass du der Liebe eine Chance gibst, auch wenn vieles dagegen spricht. Wer den Himmel nicht in sich trägt, sucht ihn im Universum vergebens. Was ich besonders mag ist der therapeutische Aspekt des „Vorteils" für einen Menschen in einer bestimmten Situation – und wäre der Vorteil nur einen Tag wirksam. Viele Dinge verändern sich so schnell, dass sie bald wieder die alten sind. Wer sich der Suche nach der Wahrheit verschreibt, muss auch den Anblick dessen ertragen, was er entdeckt. Dazu erzähle nun ich dir eine Geschichte aus meiner Praxis, die dir zeigt, dass manches erst nach einer Tat akzeptabel ist und dass das eigene Glück nicht davon abhängig ist, dass alles gleich bleibt.

Nur die Wahrheit hilft, wobei es bisweilen darauf ankommt, wann wir sie aussprechen (kairos = der richtige Zeitpunkt)!) und wie wir es tun. Auch eine für den anderen schlimme Wahrheit verdient würdige und respektvolle Worte.

Eine Nacht ohne Angst

„Wer ein Leben rettet, rettet auch die Welt", sagt ein jüdisches Sprichwort. Auf jeden Fall stimmt: Wer ein Leben rettet, rettet einen Menschen.

Ich habe persönliche Animositäten, was die Psychiatrie betrifft. Vielleicht deswegen, weil ich als Jugendlicher meinen Onkel in der „Irrenanstalt" von D. besuchte und ihn völlig konzentriert und „normal", also nicht „ver-rückt" erlebte. Tage später wurde er entlassen und Tante M., seine Frau, wurde eingeliefert, weil sich nämlich herausgestellt hatte, dass sie ihn derart mies angeschwärzt hatte – ja sogar Dokumente (Briefe) gefälscht hatte –, um ihn in die „Irrenanstalt" abschieben zu können.

Wie dem auch sei. Es kam ein Anruf aus der Psychiatrie in T. Die Stimme der Kollegin klang unfreundlich, die Worte waren ohne Wärme. Sie teilte mir teilnahmslos mit, ein Patient ihrer Abteilung würde darauf bestehen, dass ich komme. Nur ich könne ihm helfen. Er habe versprochen, sich zu beruhigen, wenn ich erscheine und mit ihm spreche, weil er mich kenne.

Ich informierte mich kurz über ihn. Man erzählte mir, der Mann, ein Polizist, habe Angst, dass er erschossen wird, wenn er – der Polizist – morgen aus der Psychiatrie entlassen wird. Denn der Mörder, den er damals verhaftet habe, würde ebenfalls in den nächsten Tagen entlassen werden. Seinen Racheplan habe er, der Mörder, bei seiner Verhaftung kundgetan. Die Kollegin in der Psychiatrie betonte, dass der Polizist, ihr Patient, nahe daran sei, zu kollabieren. Er sei völlig „neben der Kappe“. Selbst starke Medikamente hätten nichts genutzt.

Ich kannte den Mann nicht, der zitternd vor mir saß. Aber er kannte offensichtlich mich. Auf einer Fortbildung der Polizei habe er mich kennengelernt, damals auf dem M. in T., als ich über Kinderunfälle im Straßenverkehr referierte. Bebend vor Aufregung erklärte er mir, er sei in Lebensgefahr, weil ein Mann, den er verhaftet habe, nun aus dem Gefängnis entlassen wird. Dieser habe damals gedroht, ihn umzubringen, wenn er wieder auf freiem Fuß sei. Ich bat um den Namen des Mörders, bat den Patienten darum, eine kleine Weile zu warten, weil ich telefonieren wolle.

In jener Zeit hatte ich gute Kontakte sowohl zum Innenministerium wie auch zum Gefängnis in S., in welchem der Mörder einsaß. Man bestätigte mir, dass „mein“ Polizist die Wahrheit gesagt habe, sowohl was die Verhaftung beträfe wie auch über den Mörder, der in der Tat morgen entlassen werden sollte. Wegen eines Vorfalls im Gefängnis selbst würde er jedoch für weitere Monate inhaftiert bleiben.

Ich eilte zurück ins Besprechungszimmer der Psychiatrie und teilte dem Polizisten in Anwesenheit der Kollegin mit, er brauche keine Angst zu haben, er könne mithin ruhig schlafen, denn der Mörder könne ihm mit Sicherheit nichts Böses antun, weil er noch in Haft bleiben müsse.

Dank und Freude sprachen aus den Augen des Polizisten; mit beiden Händen ergriff er meine Hände und hielt sie eine Weile fest. Dann ging er davon. Die Ärztin und ich blickten ihm nach. Sie sagte giftig:“ Morgen, spätestens übermorgen, wird er mit einem neuen Problem antanzen.“

„Mag sein“, antwortete ich. „Aber heute ist er ohne Angst und in der kommenden Nacht auch. Das ist ganz viel und war alle meine Mühen wert.“

Sie schüttelte den Kopf.

Ja, eine Nacht ohne Angst ist ein großer Wert. Mein Vater erzählte mir einmal in diesem Kontext einen Witz von Tünnes und Scheel:

„Ich habe dich so lange nicht gesehen“, sagte Tünnes.
„Wo warst du eigentlich?“
„In Afrika, auf Löwenjagd?“
„Toll! Und wie viele Löwen hast du geschossen auf deiner Löwenjagd?“
„Ich persönlich überhaupt keinen.“
„Wie? Du fährst extra nach Afrika, um auf Löwenjagd zu gehen, gibst das viele schöne Geld aus und hast keinen einzigen Löwen geschossen?“
„Keinen, ist für Löwen viel“, antwortet Scheel.

Wie wahr! Wenn wir nur auf Zahlen und Ergebnisse starren, vergessen wir, dass es Mut kostet, überhaupt auf Löwejagd zu gehen. Eine Nacht ohne Angst mag für viele Angstpati-

enten lächerlich und bedeutungslos klingen, dabei ist es ein unglaublicher Gewinn.

Lass uns nun noch mehr über die Menschen sprechen, die zu uns in die Therapie kommen. Welche Erkenntnisse können wir als Menschen ohne Migräne als Therapeutikum vermitteln und wie willst du den Vortrag in B. gestalten?

Das weiß ich noch nicht. Ich muss mich erst bei Oliver Sacks und einem Kollegen in den USA schlau machen. Was ich auf jeden Fall berücksichtigen werde, ist die Aussage einer Frau, die sagte: „Meine Migräne kommt immer dann ganz schnell, wenn mein Mann etwas von mir will. Sie wissen schon was …“, sprach sie und nickte mir zu.

Dann sprechen wir doch nun endlich einmal über die Liebe und das Eheleben.

Über mein Eheleben oder über dein Eheleben?

Über das Eheleben.

Ihre Ängste weisen auch auf Ihre Wünsche, Sehnsüchte und Hoffnungen hin. Darüber lohnt es, nachzudenken oder mit jemandem zu sprechen (es muss nicht Ihr Therapeut sein). Also: Was wünsche ich mir? Und was tue ich selbst, um das Gewünschte zu erreichen?

Eloise und Mary Jane[13]

In diesem Kapitel werden Sie ermutigt, auch bei einer Freundin oder einem Freund „Nein" zu sagen und sie gegebenenfalls aus Ihrem Leben zu entfernen.

Ich kann und möchte jetzt nicht über mein Eheleben sprechen, wohl aber im Allgemeinen darüber, in welche Fallen wir in Beziehungen geraten können – in der Ehe oder in einer Freundschaft. In diesem Kontext ist mir der Anfang einer Erzählung von Salinger wichtig, die den merkwürdigen Titel trägt: „Onkel Wackelpeter in Connecticut". Eloise lädt ihre langjährige Freundin Mary Jane zum Mittagessen ein. Die Erzählung beginnt so:

> Es war fast drei Uhr, als Mary Jane endlich Eloises Haus fand. Sie erklärte Eloise, die auf die Zufahrt hinausgekommen war, dass alles tadellos gegangen sei und sie sich haargenau an den Weg erinnert habe, bis sie vom Merrick Parkway abgebogen sei. Eloise sagte: „Merritt Parkway, Baby" und erinnerte Mary Jane, dass sie das Haus schon zweimal gefunden hätte, aber Mary Jane jammerte etwas Unverständliches von einer Packung Kleenex und stürzte zu ihrem Sportwagen zurück. Eloise stellte den Kragen ihres Kamelhaarmantels hoch, kehrte dem Wind den Rücken und wartete. Nach einer Minute war Mary Jane wieder da, benutzte ein Blatt Kleenex

---

13 „Onkel Wackelpeter in Connecticut"; entnommen und nacherzählt aus: J.D. Salinger. Neun Erzählungen, rororo

und sah immer noch verstört, ja sogar zerknirscht aus. Eloise meinte fröhlich, das ganze verdammte Mittagessen sei verbrannt. Kalbsbrieschen und alles, aber Mary Jane sagte, sie habe ohnehin schon gegessen unterwegs.

Die Szene erschüttert mich. Nun gut, sie konnte den Weg vergessen haben, obwohl sie schon zweimal am Haus war.

Das ist denkbar, aber wer zu seiner Freundin will, der wird den Weg nicht vergessen.

Was mich empört ist, dass Mary Jane ihre Freundin Eloise so lange wegen eines Taschentuches in der Kälte stehen lässt. Im Haus hätte es garantiert welche gegeben.

Was mich jedoch wütend macht ist, dass sie, eingeladen zum Mittagessen, unterwegs etwas isst!

Zumal sie doch in Zeitnot war und zum Mittagessen eingeladen war.

Eine Freundin, die dich so behandelt, nachdem du dir Mühe mit der Zubereitung von Kalbsbrieschen gemacht hast, die solltest du weder ins Haus lassen noch weiterhin als Freundin betrachten. Dieses „Baby“ musst du vor die Tür setzen.

Davon ist auch im Laufe der Geschichte keine Rede, wobei Eloise tatsächlich das Wort „Baby“ benutzt und von Verdammnis spricht („das ganze verdammte Mittagessen).

Überlegen Sie sich genau, welcher Ihrer Freunde es verdient, freundlich behandelt zu werden. Selbst Kinder und Kranke dürfen nicht rüde und krude mit Ihnen umgehen. In allen Fällen ist Mitleid der falsche Weg. Denn wer will wirklich mitleiden?

Die arme Frau

In diesem Kapitel erfahren Sie, was Sie wohl schon selbst wissen: es gibt viele reiche Menschen, die ganz arm sind – und es gibt auch viele junge Menschen, die uralt sind.

„Irgendwann einmal werden Sie erwischt", prognostizierte ich ihr. Und so geschah es. Eine Haarbürste für 2,95 Euro. Die Anzeige der Drogerie. Die Polizei. Ein Anruf von mir bei der Polizei: Ja, sie müsse mit einer Anzeige wegen Ladendiebstahls rechnen.

„Zum zehnten Mal meine Frage: Warum?"

„Zum zehnten Mal meine Antwort: weil ich arm bin."

„Sie sind nicht arm!"

„Ich muss für meine Familie sorgen."

Ihre Familie ist reich. Ihre Kinder sind aus dem Haus. Ihr Mann arbeitet bei einer renommierten Firma, und Sie selbst besitzen Immobilien."

Sie schwieg, also hub ich erneut an: "Was verstehen Sie unter **arm**?"

Sie deutete auf ihren Arm.

„Mir ist nicht nach Wortspielchen zumute. Sie wissen, was ich meine, nämlich arm im Sinne von Armut."

„Ich habe kein Geld."

„Dann geben Sie mir doch bitte einmal Ihre Geldbörse. Mit Ihrer Erlaubnis würde ich gerne einmal einen Blick hineinwerfen."

„Das erlaube ich Ihnen nicht. In der Geldbörse ist kein Geld."

„Es muss Geld drin sein, zumindest das Honorar, das Sie mir für diese Stunde schulden."

„Dieses Geld habe ich in der Hosentasche, hier, sehen Sie." Sie zog einen Schein aus der Tasche. „Mehr Geld habe ich nicht. Ich bin arm."

„Und wenn Sie Ihr Auto tanken müssen."

„Das Auto ist voll getankt".

„Wie haben Sie das Benzin bezahlt?"

„Ich verstehe Sie nicht."

„Mit einer Kreditkarte oder in bar?"

„Mit der Karte, aber die läuft auf meinen Mann. Ich bin arm."

Ich betrachtete sie. Ungefähr 50 Jahre alt, Schmuck, Ringe an den Fingern.

Sie sprach: „Ich bin wirklich arm."

„Ich kenne reiche Leute, die arm dran sind, arme Reiche. Und genau so kommen Sie mir vor."

„Er kümmert sich nicht um mich. Er gibt mir Geld, bezahlt alles, auch meinen Schmuck, mein Benzin, sogar die Stunden bei Ihnen. Ich weiß nur nicht, was er damit bezweckt."

„Gibt er Ihnen auch Geld, damit Sie Sex mit ihm haben?"

Sie schüttelte den Kopf. Dann plötzlich: "Ich habe die Haarbürste nicht aus Versehen genommen. Ich wusste, dass ich es tun wollte. Ich wollte, dass ich arme Frau angezeigt werde. Ja ich wollte das sogar, um ... um ..."

„Bitte fahren Sie fort."

Sie schüttelte den Kopf, stand auf, legte wortlos mein Honorar auf den kleinen Tisch vor uns und ging grußlos aus dem Zimmer.

Kam sie je wieder?

Nein, und ich weiß nichts von ihr. Einmal traf ich sie im Schallplattenladen. Sie sah mich und wandte sich ab.

Sie muss sich nicht schämen, nicht zu den Opfern zu gehören. Hättest du sie im Schallplattenladen ansprechen wollen? Was hättest du ihr dann gesagt?

Vielleicht hätte ich ihr gesagt, dass die Liebe ein Allesfresser ist, was das Leben nur selten verzeiht.

Im Wissen, dass Geld letztlich nur die Probleme des Geldes löst, sollten Sie sich Gedanken machen, ob Sie wirklich arm sind oder nur "arm dran".

Das gestohlene Fahrrad oder der Zufall

Sie erfahren in diesem Kapitel, dass der Zufall hin und wieder nichts Zufälliges ist – oder etwas, was auch anders hätte geschehen können –, sondern etwas, das uns zur rechten Zeit zufällt.

Du und ich, wir haben uns auf der Uni kennengelernt. Ich bin dankbar für diesen Zufall. Bislang habe ich den Zufall allerdings schon zweimal erleben dürfen. Ich habe dabei gelernt, dass es bei diesen Zufällen anders hätte laufen können und dass der Zufall oft das ist, was **uns** *zur rechten Zeit zufällt. –*

Der Zufall hängt auch mit dem Sehenwollen zusammen. Darf ich dich in diesen Zusammenhang auf ein gemeinsames Erlebnis auf Teneriffa erinnern:

> Wir hatten eine lange Wanderung unternommen, auf den Guajara hinauf, dann runter in die Paisage Lunar nach Villaflor. Die letzten sieben Kilometer auf der Forststraße mussten wir in der prallen Sonne laufen. Ich mit meinem spärlichen Haupthaar war der prallen Sonne nahezu schutzlos ausgeliefert. Du gabst mir deine Mütze und sagtest, du würdest eine neue finden. Dankbar nahm ich die Mütze an und fragte mich, wie du auf einem so einsamen Waldweg auf den Gedanken kommen kannst, eine andere Mütze zu finden. Nach ein paar hundert Metern entdecktest du im Ginstergebüsch am Wegesrand eine Baseball-Mütze. Ich hielt das lange Zeit für einen Zu-

fall. Heute glaube ich, dass du neben deiner Zuversicht deinen Blick auf das Mögliche gerichtet hast. Zufall und Sehenwollen hängen offensichtlich zusammen.

Und nun meine lange und schier unglaubliche Zufalls-Geschichte. Sie klingt beinahe mystisch. Aber es ist wie so häufig im Leben. Wer das Unergründliche und Übernatürliche trivialisiert, der verliert das Prinzip Hoffnung. Also:

Vor einigen Jahren in der Klinik zu T. begleitete ich eine alte Frau zusammen mit ihrer Tochter in ihrem Sterbeprozess. Aus Dankbarkeit für meine Begleitung schenkte mir die Tochter ein Mountainbike, eines der allerersten damals auf dem Markt. Dieses Fahrrad nahm ich mit nach Teneriffa und konnte zur Überraschung der Einheimischen im Norden der Insel Berge und steile Gassen einigermaßen mühelos bewältigen. Nach meiner Abreise erlaubte ich meinem Freund, das kostbare Stück zu benutzen. Am Telefon teilte er mir mit, dass ihm das Fahrrad in der Stadt gestohlen wurde. Ich tröstete ihn mit dem Satz, bei meinem nächsten Besuch der Insel würde ich mit dem Auto den Norden abfahren und suchen, denn ein solches Fahrrad sei so einzigartig, dass es sofort auffallen würde. Allerdings war meine Suche nicht von Erfolg gekrönt. Auf dem Rückweg nach Deutschland mit der Autofähre via Cadiz beobachtete ich vom Deck der Fähre aus, wie die letzten Fahrzeuge in den Bauch der Fähre rollten. Und tatsächlich: das vorletzte Auto, ein Camper, wendete und fuhr rückwärts über die Rampe in die Fähre. Am Heck des Campers hing mein Mountainbike!

Was für eine Geschichte! Was für ein Zufall! Du wurdest für dein Nicht-Aufgeben belohnt.

Ja, die Geschichte ist noch lange nicht zu Ende. Und der Zufall wird noch einmal die Hauptrolle spielen.

Während der Überfahrt nach Cadiz fand ich heraus, wer der Eigentümer des Campers ist, stellte ihn zur Rede. Er erklärte, dass er das Fahrrad in Wien gekauft habe. Ich konnte beweisen, dass es mein Fahrrad ist (es gab ein Detail, das er nicht wusste). Er bestritt, das Rad geklaut zu haben und entzog sich weiterer Diskussionen. Also verlor ich das Fahrrad zum zweiten Mal, wobei es auch eine gute Erfahrung ist, sich etwas zu wünschen und es nicht zu bekommen.
Monate später in Deutschland an einem Sonntagmorgen machte ich meine Trainingsrunde im Wald von M. Ich traute meinen Augen nicht, als ich auf dem Waldweg ein funkelnagelneues Mountainbike liegen sah und daneben Sportkleidung für einen Radler. Ich vermutete, dass der Sportskamerad dringend in die Büsche musste und setzte meinen Lauf fort. Nach einer Stunde kam ich zurück und entdeckte zu meinem Erstaunen, dass das Rad und auch die Kleidung noch an Ort und Stelle lagen. Ich inspizierte den Waldesrand, rief, aber erhielt keine Antwort. Ich informierte die Polizei, die das Rad ins Fundbüro brachte. Ein halbes Jahr später kam die Nachricht, dass ich das Bike abholen dürfe, denn niemand habe Anspruch darauf erhoben. Und nun hatte ich wieder ein eigenes Bike, ohne Geld auszugeben oder mir Mühe zu

machen. Wobei es ja auch eine zweifelhafte Tugend ist, sich immer Mühe zu geben.

Ich erinnere mich an eine Zufallsgeschichte, die du auf Teneriffa erzählt hattest, nämlich die mit der Überschrift „Das Geld auf der Straße".

Ja, und erneut geht es bei dieser Geschichte um den Zufall und das Sehen. Ich erzähle sie dir gleich. Vorab aber etwas Unerklärliches, was den Zufall betrifft. Ich war auf dem Weg nach Florida mit E. und meiner Tochter. Wir mussten in New York auf dem Kennedy-Airport zwischenlanden und befanden uns auf dem Weg zu unserem neuen Gate. Da kam mir mein Sohn mit seiner Frau entgegen. Die wussten nicht, dass wir nach Florida wollten und den Weg über New York gewählt hatten. Und wir wussten nicht, dass sie spontan eine Reise in die USA gebucht hatten. Zigtausend Menschen im Airport, keine Absprache, nichts. Und wir treffen uns! Was sagst du nun?

Ich habe keine Erklärung.

Ich auch nicht. Nun also die Geschichte vom Geld auf der Straße:

> Wir gingen spazieren und unterhielten uns. Das ist manchmal mein Bestreben, die Therapie sozusagen ambulant zu gestalten, was ja für den Patienten oder Klienten auch den Vorteil hat, dass er woanders hinschauen kann. Sie erzählte, dass sie Lehrerin sei, drei Kinder von

drei verschiedenen Männern habe. In der Schule wurde sie deshalb schon oft von den männlichen Kollegen als „Freiwild" betrachtet. Auch ein Schulwechsel habe nicht dazu geführt, dass diese Art von Mobbing aufhöre, und sie vermutete, dass es in einer weiteren Schule ähnlich ablaufen werde.

„Was soll ich nur tun?"

Wissend um ihre Ausbildung regte ich an, den Beruf zu wechseln und eine Praxis als Körpertherapeutin zu eröffnen.

„Von welchem Geld? Ich habe kein Geld."

Noch nie in meinem Leben habe ich eine so törichte Antwort gegeben wie damals. Ich antwortete: „Das Geld liegt doch auf der Straße." und schämte mich sofort wegen dieser plumpen Antwort. Sie schaute mich ungläubig an (einen solchen Satz hatte Sie von mir wohl nicht erwartet). Ich blickte voller Scham auf den Boden und sah am Straßenrand eine Geldbörse liegen. Ein Bauer hatte sie verloren. Zigtausend Mark lagen auf der Straße. Sie bekam einen großen Batzen Finderlohn, kaufte sich eine therapeutische Massage-Liege und schulte um.

Mir scheint, dass es sich beim Zufall auch um eine besondere Art des Sehens handelt. Hinsehen, wo andere keine Chance mehr sehen und deshalb blind für Möglichkeiten und Chancen sind.

Ja, da hast du Recht.

Ähnlich wie beim Schachspiel kommt es im Leben darauf an, genau hinzuschauen, um noch eine Lükke oder Möglichkeit zu sehen. Geben Sie also nicht zu früh auf. Suchen Sie am richtigen Ort und vielleicht mit einem sehenden Partner.

Yalom und die Kunst der Therapie[14]

Sie erfahren in diesem Kapitel, dass es ehrenhaft und hilfreich sein kann, sich von einem anderen helfen zu lassen – ob mit oder ohne Bezahlung.

Ich möchte noch eine Bemerkung zum richtigen Ort bei der Suche machen. Du kennst doch sicherlich die Geschichte von Watzlawick[15]. Da hat ein Mann seinen Schlüssel verloren, und er sucht ihn intensiv in der Dunkelheit. Ein Polizist beobachtet ihn und bietet seine Hilfe an. Schlussendlich gibt der Polizist auf und fragt den verzweifelt Suchenden, ob er denn sicher sei, dass er den Schlüssel hier unter der Laterne verloren habe. Nein, antwortet der Mann und fügt hinzu, hier unter der Laterne sei es aber so schön hell.

Ich möchte nun noch einmal auf die Kunst der Therapie zu sprechen kommen. Als ich dich vor ein paar Jahren als dein Kollege auf Teneriffa mit einer von dir zusammengestellten Gruppe begleitete und von dir wusste, dass du in deiner Praxis keine Gruppenarbeit anbietest, war ich doch erstaunt, wie gut du die Gruppe geführt und auf deine Weise therapeutisch begleitet hast. Du kamst mir oft vor wie ein Vater, und die Mitglieder der Gruppe wurden zu einer Art von Co-Therapeuten.

Das mit dem Sein als Vater stimmt, auch die andere Aussage, dass die Gruppe untereinander therapeutisch wirkte.

---

14 „Liebe, Hoffnung, Psychotherapie" Irvin D. Yalom, btb 73173

15 „Anleitung zum Unglücklichsein" Paul Watzlawick, Piper Verlag 2009

Wir müssen manchmal wie ein Vater agieren, um ein positives Gegenbild zu entwerfen und um Nähe mit hilfreicher Distanz zu vermitteln. Die Teilnehmer einer Gruppe können auswählen, was bei den Aussagen der anderen für sie wichtig ist. So können Gruppenmitglieder die verschiedenen Stadien der Hoffnung der einzelnen Teilnehmer erfahren, denn eines meiner Ziele ist, Hoffnung einzuflößen und die Hoffnung lange am Leben zu halten. Für den Therapeuten bedeutet dies, dass er überzeugend wirken muss. Die positive Wirkung der Therapie bei anderen zu beobachten, ist wichtig und schön. Hilfreich ist auch zu erkennen, dass andere sich ebenfalls in einer miserablen Lage befinden, man/frau also sich nicht allein im Gefühlswirrwarr befinden. Das ermöglicht, sich behutsam zu öffnen und der Einsamkeit zu entfliehen. So etwas erleichtert ungemein. Die Erkenntnis, dass andere ähnliche Probleme haben, kann wie eine Reinigung und Erleichterung sein. Manchmal geben Gruppenmitglieder Hilfen und Anregungen, die vom Betroffenen gerne akzeptiert werden. Zu wissen, dass eine Neurose oder eine Depression nicht Verdammnis auf ewig ist, tröstet und hilft. In T. habe ich eine Trauergruppe geleitet. Die Erkenntnis der schon lange Trauernden, dass Trauer aufhören wird und Schmerz abklingt, ist äußerst sinnvoll und wertvoll für die neuen Trauernden, wenn auch nicht sofort eine Hilfe.

Hilft dabei auch der Glaube nicht?

Bei einigen bestimmt. Nach meiner Meinung hilft vor allem die Erklärung und Erfahrung von Betroffenen. Die Ungewissheit, die sonst Angst produziert, reduziert sich. Auch bei einer Neurose oder Depression verschlimmert die Angst das Befinden. Über die Angst und die falsche Mathematik des Lebens erzähle ich dir nachher eine Geschichte, die auch mit unserem jetzigen Thema zusammenhängt. Zur Gruppentherapie, wie sie auch Yalom bevorzugt und beschreibt, möchte ich noch Folgendes ergänzen: keine Ratschläge erteilen, Alternativen nennen, um ein neues Ziel zu erreichen. Die Teilnehmer einer Gruppe müssen lernen, das Nehmen zu lieben, um dann später geben zu können. Zu wissen, dass niemand ausgebildeter Therapeut sein muss, um anderen Selbstwertgefühl und Selbstachtung zu vermitteln, ist eine kostbare Erfahrung.

Du sprichst vom Altruismus?

Ja, der Altruismus hat viele Gesichter. Von Warren Duffy aus dem Gefängnis in Saint-Quentin wird der Satz überliefert, dass man einem Menschen am besten dadurch helfen kann, wenn man sich von ihm helfen lässt. Dadurch ergibt sich auch das Gefühl eines sinnvollen Lebens.

Suchen Sie auch im Dunkeln nach Ihrem verlorenen (Lebens)Schlüssel und seien Sie offen, wenn Ihnen jemand dabei helfen will.

In guten wie in schlechten Zeiten

In diesem Kapitel erfahren Sie, dass die Welt nicht nur aus Liebe besteht. Wobei sich miteinander wohl zu befinden das Leben in der Welt zufriedener macht, Frieden bringt.

Gestern in der Paartherapie sagte der Mann zu seiner Partnerin: „Das Unvermeidliche lässt sich eben nicht vermeiden."

Sie antwortete: „Vor dem Traualtar haben wir uns versprochen, in guten wie in schlechten Zeiten zusammenzubleiben."

Er süffisant: „Das haben wir uns eben versprochen!"

Ich griff nicht sofort ein, sondern ließ mir berichten, was geschehen war, sodass die Liebe sich reduziert hatte oder verschwunden war. Ich unterbrach, als sie den Fragesatz einwarf, der mit den Worten begann „Was hätte gewesen sein können" und erklärte, dass in der jetzigen Situation der Konjunktiv nicht hilft. Ich wies darauf hin, dass auch Vergleiche mit anderen Paaren nicht hilfreich sind.

„Du hast dich bei mir verkrochen", warf sie ein.

„Es ist keine Liebe, wenn man sich bei einem anderen verkriecht", kommentierte ich.

Sie hörten nicht zu, auch nicht als ich ergänzte, dass es für einen guten Menschen überall einen Ort gibt.

Ich fragte sie: „Genügen Sie sich so, wie Sie sind?"

Sie blickte auf den Boden.

Er schwieg.

„So wie ich jetzt bin – jammernd, klagend, ihn korrigierend, abweisend –, genüge ich mir überhaupt nicht."

„Also keine guten, sondern schlechte Zeiten?"

„Ja, schlechte Zeiten."

„Waren die gemeint, als Sie sich das vor dem Traualtar versprochen hatten?"

„Nein, ich habe damals überhaupt nicht gedacht, dass es schlechte Zeiten bei uns geben könnte, höchstens, wenn jemand von uns ernsthaft krank wird."

„Gesetzt den Fall, Ihre Frau ist ernsthaft krank, würden Sie sie dann verlassen wollen?"

Er schüttelte den Kopf und sagte: „Aber sie ist doch gar nicht krank!"

„Vielleicht ist sie aus welchen Gründen auch immer in Ihrer Ehe krank geworden. Wir könnten versuchen, das hier bei mir herauszufinden. Dann könnten Sie sich neu entscheiden. Einverstanden?"

Beide nickten, er allerdings sehr zaghaft.

Wie ist die Geschichte ausgegangen, mein Freund?

Das weiß ich noch nicht. Ich habe allerdings ein schlechtes Gefühl.

Sie werden mit Erkenntnis und Gewinn das Buch von Wilhelm Schmid „Dem Leben Sinn geben" lesen und zwar nicht nur dann, wenn Sie in einer Liebeskrise sind.

Der Schmerz im Rücken

Sie erfahren in diesem Kapitel etwas über den Rückenschmerz, die Liebe und die spontane Remission.

Auch ich möchte dir eine Geschichte über „die guten und die schlechten Zeiten" erzählen und über den Weg in ein sinnvolles Leben:

> *Damals in meiner Klinik in D. wurde mir von der Stationsschwester dieser Privatstation berichtet, dass wir einen neuen Patienten hätten, der zu uns verlegt worden sei, weil er an einem schweren Bandscheibenvorfall leidet. Während der Untersuchung in der Röhre habe man festgestellt, dass er zudem an der Wirbelsäule einen taubeneigroßen Tumor habe. Nun wissen wir, dass ein solche Tumor operativ entfernt werden kann, dass man ihn bestrahlen könne, ihn den Chemikalien aussetzen kann. In dieser Klinik war man auch bereit, die Psychotherapie zu nutzen, also wurde er mir zugeordnet. Als ich sein Zimmer betrat, war ich fürbass erstaunt, denn ein riesiger Blumenstrauß in einer Bodenvase schmückte sein Zimmer. Ich stellte mich vor und fragte: „Wer hat Ihnen denn diese wundervollen Blumen geschenkt?"*
>
> *Er antwortete: "Die sind von meinen Mitarbeiterinnen. Die freuen sich, wenn ich wieder nach Hause komme."*

Nach Hause?, dachte ich und nahm mir vor, ihm diese Frage später zu stellen. „Was denken Sie über Ihre Erkrankung, über den Tumor?“

„Nun, die werden ihn entfernen, wenn es geht, ihn bestrahlen oder es mit Chemie versuchen.“

„Ich bin Psychologe und nenne Ihnen einen vierten Weg. Bisweilen ist nämlich eine solche Erkrankung die Sprache der Seele; sie will anzeigen, dass in Ihnen eine Spaltung vorliegt. Deshalb meine Frage: Wie ist es bei Ihnen zu Hause? Was tragen Sie dort und tragen Sie es gerne?“

„Wie kommen Sie auf mein Zuhause?“ Seine Stimme war schwach und farblos.

„Nun, Sie haben mir die wunderschönen Blumen betreffend einen Fingerzeig gegeben. Sie sagten, dass Sie sich freuen, wieder nach Hause zu kommen und meinten die Firma mit dem Zuhause. Das ergibt für mich die Frage, wie Sie die Firma als Ihr Zuhause bezeichnen.

Die Geschichte, die er mir erzählte, hätte einen Stein zu Wasser verwandeln können.

„Zu Hause erwartet mich der Vorhof der Hölle. Ich habe eine alkoholkranke Frau, einen Stiefsohn, der Drogen nimmt. Ich könnte mir ohne Probleme eine Haushaltshilfe leisten, aber ich schäme mich so wegen des Mülls meiner Frau. So bringe ich heimlich die leeren Flaschen

meiner Frau in den Container und räume den übrigen Müll weg. Ich muss Zentnerlasten tragen."

„Dann wissen Sie jetzt, warum Sie Probleme mit dem Rücken haben. Die Last zu Hause ist zu groß."

„Und mein Krebs, mein Tumor?"

„Der Krebs ist eine merkwürdige Krankheit. Ärzte beschneiden ihn, bestrahlen ihn und bekämpfen ihn mit Chemie. Es gibt aber auch einen vierten Weg, nämlich den über die Seele. Denn ein Mensch, der sich spaltet und aufzehrt, wird leider oft zu einem Krebs-Opfer."

„Was soll ich denn tun?"

„Trennen Sie sich von Ihrer Frau und dem Stiefsohn, gehen Sie eine Zeit lang weg in eine andere psychosomatische Klinik. Ich kenne da eine in Bad Bevensen."

„Ich soll mich scheiden lassen? Das geht nicht. Mein Ruf steht auf dem Spiel."

„Ich habe nicht von Scheidung gesprochen, sondern von einer bestimmt heilsamen Distanz. Denken Sie bitte darüber nach. Ich wünsche Ihnen gute Gedanken."

Am nächsten Morgen war sein Zimmer leer. Er hatte mir eine Botschaft hinterlassen, dass er sich entschlossen habe, tatsächlich nach B. zu gehen (sich fahren zu lassen). Auf keinen Fall dürfe ich seiner Frau sagen, wohin er geflüchtet sei. Das war nicht einfach, denn sie bestürmte mich, die Anschrift rauszurücken, vermutlich ging es auch um Geld. Beim dritten Anruf sagte sie, ich solle sie in eine Klinik schicken, denn offensichtlich hätte sie ein Alkoholproblem. Ich empfahl ihr eine Klinik im Westerwald, wo sie überraschend gut Fortschritte in ihrer Therapie machte. Dies berichtete ich „meinem" Patienten, der mir daraufhin erlaubte, seine Anschrift freizugeben.

Wochen später rief er mich an und berichtete, seine Frau habe ihn bei ihrem ersten Freigang besucht. Es sei schön gewesen mit ihr, allerdings habe er in der Nacht einen merkwürdigen Traum gehabt, den er mir erzählen möchte, weil zudem noch etwas Merkwürdiges passiert sei.

Sein Traum: „Ich war in einer Schlacht und mitten in dem Geschehen wurde mir im Traum eine Lanze in meinen Rücken gestoßen. Ich schrie vor Schmerzen und wachte auf. Ich dachte, nun ist alles perdu, meine winzigen Fortschritte, die ich hier gemacht habe, sind vergebliche Mühe gewesen. Ich schlief ein, wachte am frühen Morgen auf, weil ich pinkeln musste. Meine Bettflasche konnte ich nicht erreichen, meinen Rollator eh nicht, weil der im Gang stand. Ich klingelte nach der Schwester, aber die kam und kam nicht. Mein Druck und mein Zorn wurden immer größer. Da stand ich auf und ging auf's Klo und merkte erst danach: ich kann ja wieder laufen! Was ist passiert?"

Ich erklärte ihm, dass es eine spontane Remission[16] war, die häufig geschieht, wenn der Druck nachlässt, was es übrigens auch bei Krebs gibt, wenn auch seltener, zumal sich ja auch die Beziehung zu seiner Frau positiv verändert habe.

Die Liebe, ja die Liebe. Sie kann ein Henker sein, sie kann aber auch ein Geschenk sein, wenn der Druck durch Zuneigung und Bejahung ersetzt wird.

Liebe darf nicht zur Selbstaufopferung führen, diese letzte Währung erweist sich schnell als Falschgeld und führt zum Tod.

Zum Tode mitten im Leben und dann zum ewigen Schlaf, der letztendlich kein Schlaf ist.

Mein letzter Satz heute gilt dir, verehrter Freund und lieber Kollege: zähle die Segnungen auf, die dir geschenkt wurden, zum Beispiel das Sehen der schönen Natur jetzt. Lass dich von Nietzsche trösten: Man kommt aus solchen Abgründen, aus solch schwerem Siechtum, auch aus dem Siechtum des schweren Verdachtes, neugeboren zurück – gehäutet, kitzliger, boshafter, mit einem feinen Geschmack für die Freude, mit einer zarteren Zunge für alle guten Dinge, mit lustigeren Sinnen, mit einer zweiten gefährlicheren Unschuld in der Freude, kindlicher zugleich und hundertmal raffinierter, als man jemals vorher war.

---

16 Joe Dispenza. Du bist das Placebo. Koha Verlag.

Bevor wir für heute unser Gespräch beschließen möchte ich mit dir noch ein paar Worte über das Thema „Placebo" wechseln. Meine erste Frage lautet: Habt ihr damals in T. oder in den USA in den Kliniken mit Placebos gearbeitet? Und die zweite: Sprechen wir hier nicht vom Zufall?

Was deine erste Frage betrifft: ich weiß es nicht. Jedenfalls wurde nicht darüber gesprochen. Und was die zweite betrifft: Mag sein, dass es bei dem Mann mit dem Schmerz im Rücken auch anders hätte kommen können. Nein, es wäre bestimmt anders gelaufen.

Auf jeden Fall war es der richtige Zeitpunkt, als es ihm zugefallen ist. Ich glaube an Wunderheilungen. Das nenne ich Placebo, wobei mir die sprachliche Nähe des Wortes zu „plazet = es gefällt mir" behagt.

Mit der Kraft unserer Gedanken können wir – im Krankheitsfall – viel erreichen, oft ganz ohne Medikamente und Operationen. Dieser Placebo-Effekt ist erwiesen, wie das Joe Dispenza in „Du bist das Placebo" beschreibt.

Die Weisheiten zweier Therapeuten

Auch in diesem Kapitel erfahren Sie etwas von der Liebe, aber auch über die Bereiche Wahrheit, Vergangenheit, Wehklagen und Perfektionismus.

Du tust mir gut. Ich freue mich an deiner Geduld und an deiner Klugheit, an deiner Güte.

Es ist wenig, was ich dir an Gutem vermitteln kann.

In meinem Fall gilt: das Gute, wenn es auch wenig ist, ist doppelt gut. Ich habe durch dich gelernt, dass ich zwar gestolpert bin, aber wer stolpert, ist noch längst nicht hingefallen. Und ich dachte, ich befände mich in einer Sackgasse.

Auch in einer Sackgasse kannst du Schönes entdecken.

Ich habe immer versucht, alles richtig zu machen und keinen Schaden anzurichten.

Auch das Wissen, dass du das Richtige gemacht hast, kann dich traurig machen. Ein Kreis bleibt auch mit einer Lücke ein Kreis.

Offensichtlich gilt, dass die Wahrheit bedeutet, dass der andere seinen Idealen Lebewohl sagt.

Du sprichst auch von deinen Erfahrungen mit der Liebe? Du meinst, dass man alt und weise wird und dann entdeckt, dass eine Liebe voller Schrecken ist, wenn sie kein Gegenüber mehr hat. Andererseits wissen wir beide auch, dass eine gute Liebe das einzige wirksame Heilmittel gegen Scham, Einsamkeit und Traurigkeit ist und dass wir das vom Partner nicht fordern oder erwarten dürfen. Für deine Seele bist nur du verantwortlich.

Wieder und wieder versuchte ich, niemandem Schaden zuzufügen, indem ich mein Herz in mein Lächeln legte.

Es ist schädlich, auf Dauer in die Sonne zu schauen oder deine Angst zu hätscheln. Denkst du oft an deine Vergangenheit?

Nicht oft, aber doch bisweilen, wobei ich weiß, dass das Gedächtnis viele Tricks kennt, um mich in die Irre zu führen. Wobei ich mich bemühe, nicht jede Niederlage als Katastrophe zu deklarieren. Denn ich weiß auch, dass es keinen traurigeren Satz gibt als: „Was hätte gewesen sein können." Nicht nur als Therapeut pflege ich den moralischen Gedanken, dass ich Fehler und Unsicherheiten von anderen nicht zu meinen Gunsten ausnutze. Als Rheinländer lebe ich nach dem Satz: „Man muss auch gönnen können."

Mit Wehklagen beseitigst du deine Kümmernisse nicht.

Auch in mir schlummern therapeutische Weisheiten, die ich im Umgang mit meinen Patienten verinnerlicht habe und auch anwende. Wenn ich spüre oder höre, dass jemand von Hindernissen in seinem Leben spricht, dann weise ich darauf hin, dass Hindernisse sinnvoll oder sogar schön sein können, wenn man dabei seine wahren Möglichkeiten entdeckt und erweitert. Oder wenn vom Kampf in der Ehe oder im Beruf gesprochen wird, dann wende ich ein, dass ein Sieg gemessen an dem, was du verlieren kannst – eine Freundschaft, eine Liebe zum Beispiel –, ein Schaden sein kann. Andere berichten mir, dass sie sich doch so viel Mühe geben. Dann bemerke ich, dass immerwährende Mühe keine besondere Tugend ist, sondern oft eine vermeidbare Last.

Du bist klug und dennoch leidest du an dir. Du scheinst, eine Perfektion anzustreben, die nicht erstrebenswert ist, weil das Streben nach Perfektion der Beginn von Wahnsinn sein kann.

Du bist der Meinung, ich sei auf dem Weg in den Wahnsinn?

Nein, weil ich glaube, dass du die Perfektion im Privatleben und in unserem Beruf nicht mehr in den Mittelpunkt stellst. Denke doch einmal an früher, an dein geliebtes Tennisspiel. Ist nicht immer schon alles da, ein Volley zum Beispiel, der darauf wartet, geweckt zu werden? Was dich momentan betrifft, so gilt, dass du umso weniger siehst, je näher du dran bist. Wenn du dich nur dann liebst, wenn du vollkommen bist, siehst du den daraus entstehenden Mangel nicht.

Ich habe mir dich als Lehrer ausgesucht, um zu lernen, wie ich mich wehren kann und weil du mich die Unterschiede lehren kannst.

Ich denke, wir sind auf dem richtigen Weg, dein eigentliches Problem beim Namen zu nennen und für die Befreiung zu suchen.

Rede bitte weiter.

Ja, morgen oder übermorgen.

Angst ist die Rückseite des Glaubens. Glück ist kein Mittel zum Zweck, sondern ein Wunsch. Es gibt mehr als nur einen Sinn des Lebens, wobei nur dein Sinn des Lebens wichtig ist.

Eine Engel-Geschichte

In diesem Kapitel erfahren Sie, dass es oft nicht so ist, wie es zu sein scheint.

Ich möchte dir nun endlich den Teil einer Antwort auf die Frage nach deiner Ich-Identität geben, nach der du so schmerzhaft suchst. Es ist eine Teilantwort. Vorab ein Satz von Shakespeare, der so ungefähr lautet: „Wie töricht sind wir Menschen doch. Der Wurm findet arm und reich, berühmt und berüchtigt." Mithin auch dich wie mich. Arm sind wir zum Beispiel dann, wenn wir Angst haben, dass unser Leben unvollständig bleibt. Unser Leben bleibt immer unvollständig, weil es den Tod gibt und weil das Streben nach Perfektion unsinnig ist. Es ist unmöglich, alles zu verstehen. Zudem sind wir nicht verantwortlich für die Fehler und Entscheidungen unserer Eltern. Also nun meine Geschichte als Brücke auf dem Weg zu zur Beantwortung deiner Frage, deines Problems:

> Zwei Engel sind unterwegs, um den Menschen ihre Hilfe anzubieten. Am Abend sind sie müde und hungrig. Sie erreichen einen riesigen Bauernhof. Viele Kühe grasen auf einer üppigen Weide. Die Bauersleute – sie dick, er feist – lehnen am Zaum und betrachten voller Genugtuung ihren Reichtum, als sich die beiden Engel nähern. Abgehärmt sehen sie aus, ihre Kleidung zerrissen und bitten um Nahrung, um etwas zu trinken und um ein Nachtlager. Erbost schreit die Bäuerin sie an und schilt sie Zigeuner und Strauchdiebe und will sie vom Hof ja-

gen. Doch der Bauer bittet sie, sich ruhig zu verhalten und nicht die Nachbarn aufmerksam zu machen.

„Wir sperren sie unten in den Keller, geben ihnen das alte Brot, das wir den Schweinen geben wollten und einen Krug Wasser. Und morgen schicken wir sie weg, dann sind sie aus unserem Blickfeld verschwunden."

So müssen die beiden auf nacktem Boden im Keller schlafen, nehmen als Speis und Trank altes Brot und Wasser und legen sich schlafen. Es ist finster in diesem elendiglichen Loch. Nur ein winziges Loch oben in der Decke lässt ein sparsames Mondlicht durch. Mitten in der Nacht wacht einer der Engel auf und sieht im schwachen Mondlicht seinen Kollegen mit Wasser und altem Brot einen Brei wie einen Glattstrich anrühren, um ein Loch im Boden zu glätten.

„Was machst du da? Du besserst den Boden der beiden garstigen Leute aus? Warum nur?"

„Das was es zu sein scheint, ist es nicht", antwortet der arbeitende Engel.

Der andere schüttelt den Kopf und schläft weiter.

Am nächsten Abend bitten sie zwei ärmliche Bauersleute um ein Nachtlager und eine Mahlzeit. Zwei magere Kühe stehen im Garten. Die beiden Engel bekommen ein wenig Milch und sie teilen das Brot mit den Bauern. Als sie am nächsten Morgen diese freundlichen Menschen verlassen, sehen sie die beiden weinend am Zaun stehen. Und sie sehen auch, dass eine der beiden Kühe tot am Boden liegt.

„Was ist geschehen?", fragt der eine Engel.

„In der Nacht, du schliefst fest, da kam der Bruder Todesengel, und ich fragte ihn, was er denn hier wolle. Er käme, um die Bäuerin zu holen, das wäre sein Auftrag. Ich erzählte ihm, wie liebevoll die beiden alten Menschen zu uns waren und ob unser Bruder, der Todesengel, nicht jemand anderes vom Hof holen könnte. Er hat das akzeptiert und die Kuh ausgewählt. Denn das, was es scheint, ist es oft nicht."

„Und am Abend zuvor", fragt der eine Engel.

„Nun, im Mondlicht sah ich im Boden etwas glitzern. Ich schaute nach. Es waren Diamanten. Und da ich nicht wollte, dass diese garstigen Menschen den Schatz erhalten, habe ich das Loch zugemacht.

„Ja", erwidert der Engel, „in der Tat ist es manchmal anders, als wir es zuvor gedacht oder vermutet haben."

Sollen wir nun weiter über den Tod und die wohl allzu menschliche Todesangst sprechen?

Nein, das müssen wir nicht. Denn was den Tod betrifft, so ist es wohl unsere Aufgabe als Therapeuten, den Patienten für die Todesangst zu desensibilisieren, um die Angst zu reduzieren. Ein Beispiel für diesen Weg ist die Engel-Geschichte. Oder wie Montaigne schreibt: den Tod auszuprobieren, indem wir von ihm erzählen.

Manchmal mangelt es uns an der Geduld, bis wir dann erfahren, dass hinter der einen oder anderen Entscheidung ein Grund und ein Sinn steckt.

Die zehn Schritte der kleinen Bärin

Sie erfahren in diesem Kapitel, dass unter dem Satz „Ich gehe jetzt.“ ein anderer liegt.

Ich fühle mich so verloren. Ich weiß so viel, kann vielen Menschen helfen, zu leben und zu überleben. Ich kluger Mann jedoch bin oft unzufrieden und unglücklich. Es fehlt mir etwas. Ich hoffe, dass du mein schmerzhaftes Rätsel lösen kannst.

Lösen kannst nur du es. Ich kann dich bis zu der entscheidenden Erkenntnis begleiten.

Und wie lautet sie?

Geduld, mein Lieber. Vielleicht helfen dir die zehn Schritte der kleinen Bärin. Hier, trink ein Glas Wein, leg dich auf die Couch und höre zu:

> Der Mann der kleinen Bärin hat wieder und wieder versucht, mich davon zu überzeugen, dass die Bärin hinter Gitter, in eine Psychiatrie, gehört. Die Bärin, eine charmante und kluge Frau, litt darunter, dass die Liebe zu ihrem Mann schon seit langem kein Gegenüber mehr findet. Das Herz ihres Mannes verweigerte zynisch Zuversicht und Hoffnung. Auch die Tochter meinte, es wäre nun „wirklich“ an der Zeit, die Mutter wegzusperren.
> Es steht außer Zweifel, dass der Mangel an Liebe die kleine Bärin manchmal dazu bewog, hysterisch ihren

Mann zu attackieren, um vielleicht so Berührungen und Nähe zu erleben. Vielleicht war es auch der Krebs, der bei ihr diagnostiziert wurde, oder ein schwerer Unfall, in den sie verwickelt war. Im Krankenhaus erhielt zu dem allen noch die Nachricht, dass eine ihrer Brüste operativ entfernt werden muss. Dennoch war sie zumeist ruhig und gelassen, Charme versprühend zum Beispiel an der von ihr organisierten Hochzeit der einzigen Tochter. Aber auch guten Menschen widerfährt Böses, was ja auch ein gutes Lernfeld sein kann. Jedoch: nicht nur Bärinnen werden aggressiv, wenn ihr Hunger nicht gestillt wird, wenn sie zu lange hungern und dürsten müssen. Es gibt eben nicht nur den Hunger nach Käse, Brot und Wein, sondern auch den nach Nähe, Geborgenheit, nach Beständigkeit, nach Zärtlichkeit und nach Liebe.

In Wahrheit wäre die Bärin beinahe vor Hunger nach Liebe mitten im Leben gestorben. Aber sie rettete ihr Leben, obwohl oder gerade weil der Mann sich von ihr getrennt hat. Die Rettung verlief in zehn Schritten. Im **ersten Schritt** fragte ich sie: „Was wünschen Sie sich und was tun Sie, um das Gewünschte zu erreichen? Entscheiden Sie sich für einen oder mehrere Wünsche, wohlgemerkt keine materiellen Wünsche!"

Sie wünschte sich, dass ihr Mann unter der Bedingung zurückkommen dürfe, wenn er sein Verhalten ihr gegenüber verändert, freundlicher ist, Berührungen sucht, auf Spott und Zynismus verzichtet. Sie hat eine Bedingung gestellt, denn bedingungslose Liebe führt zum Tod mitten im Leben.

Im **zweiten Schritt** habe ich die Bärin ermuntert, über die von ihr getroffene Entscheidung Gespräche mit sich selbst zu suchen. Laut und wie auf einer Bühne, wobei Wörter wie „nicht", „niemals", „immer" nicht auftauchen dürfen. Sätze wie „Ich bin es wert, geliebt zu werden." jedoch sehr wohl.

Im **dritten Schritt** musste die kleine Bärin lernen, dass sie etwas Besonderes und Einzigartiges vermag. Denn der Gedanke „Ich kann nichts, ich bin nichts." ist töricht und selbstzerstörerisch. Einmal nämlich, als sie im Garten den Tisch gedeckt hatte, überboten sich die Gäste in Ausdrücken der Bewunderung und des Entzükkens über eine wunderschön gestaltete Tischdekoration. Alle waren der Meinung, jemand, der so etwas vermag, sei begnadigt. Die Bärin strahlte. Als ich ihr sagte, diese ästhetischen Fähigkeiten könnte sie doch in einem Altersheim oder bei einem Kindergeburtstag in einer Kinderklinik anbieten, war plötzlich der ***vierte Schritt*** erreicht. Die Bärin erinnerte sich nämlich an eine Frau, die freiwillig in einer Klinik arbeitete. Nun bilden diese beiden Frauen eine Art ***Dream-Team***. Sie treffen sich, tauschen Ideen aus, trösten sich gegenseitig, denn auch die andere hat ihren Mann „verloren".

Im ***fünften Schritt*** lernte sie, ihre Wünsche zu visualisieren und sich vorzustellen, wie sie – gut! – ohne ihren Mann auskommt, auch finanziell. Sie sollte sich auch vorstellen, wie sie zufällige Begegnungen mit ihm – zum Beispiel auf dem Golfplatz – gestaltet oder geplante

Treffen mit ihm, wenn es um die gemeinsame Tochter oder das Enkelkind geht. Wie in einem Film sollte sie sich das durchspielen. Auf keinen Fall dürfe sie sich provozieren lassen, um nicht in alte Muster zurückzufallen. Zu diesem Schritt gehörte auch, sich vorzustellen, mit einem anderen Mann zusammen zu sein oder sogar zusammen zu leben. Bei diesem Schritt hatte die kleine Bärin Schwierigkeiten, weil sie an ihre fehlende Brust dachte.

Also musste sie lernen – der ***sechste Schritt*** –, positive Sätze zu formulieren, die mit „Ich bin …" beginnen. Als Beispiel nannte ich: „Ich bin in meinem blauen Kostüm attraktiv und erotisch."

Als ***siebten Schritt*** musste sie sich auf die Suche nach einem Mann begeben, sollte offen sein für Männer, die ihr sympathisch erscheinen, sollte auch mit dem Risiko eines Scheiterns leben, jedoch das Scheitern nicht als Niederlage einstufen. Sie muss etwas riskieren; tut sie es nicht, verliert sie alles. Sie muss nach einem zweiten Treffen fragen, auch auf die Gefahr hin, abgewiesen zu werden. Die Gefahr ist gering, denn über 80 Prozent unserer Befürchtungen treten nicht ein.

Zu dieser Aussage passt ein Zitat von Martin Luther King: „Take the first step in faith. You don't have to see the whole staircase. Just take the first step." Die wichtigsten Dinge im Leben kann auch eine so reiche Frau wie die von dir erwähnte Bärin nicht kaufen. Du musst darum bitten.

Die Bärin begann also diesen Schritt vertrauensvoll und betrachtete nicht die ganze lange Treppe. Das war der ***achte Schritt*** der kleinen Bärin, die dann im ***neunten Schritt*** die Aufgabe hatte, nicht aufzugeben und letztlich, ***zehnter Schritt***, jeden erfolgreichen Schritt, zu feiern und sich darüber zu freuen. Das schließt ein, sich eine Belohung zu gönne.

Kommst du dir in solchen Situationen wie der mit der kleinen Bärin als der letzte Retter vor?

Das kommt vor, und das ist gut so. Diesen Gedanken, ich sei der letzte Retter, lasse ich zu – ohne Hybris. Ich sage es oft so: du kannst zwar weglaufen, aber du kannst dich nicht ewig verstecken. Sonst bist du schon vor deinem Tod gestorben. Die Welt ist oft nicht gerecht und es gibt auch nur selten eine Entschädigung für Unglück. Aber es gibt die Hoffnung, dass es weitergeht, wenn ich etwas riskiere.

Die Hoffnung ist also eine unheilbare Krankheit, die zur Heilung führt?

Irvin D. Yalom: Jeder, jede, von uns kann auch ohne therapeutische Fachausbildung zu einem „letzten Retter werden, Wärme und Trost spenden, sodass der andere fühlt, geschätzt und bedingungslos angenommen zu werden“[17]

---

17 „Liebe, Hoffnung, Psychotherapie“ Irvin D. Yalom, btb 73173

Gevatter Tod

In diesem Kapitel erfahren Sie, wie Sie mit der Angst vor dem Tod umgehen können. Auch Sie werden nicht umhin kommen, mit dem Tod eine Beziehung einzugehen.

Gestern habe ich im Kino einen wunderschönen – ich meine das wörtlich –, Film über den Tod gesehen, der allerdings einen bescheuerten Titel trägt: „Ein Schotte macht noch keinen Sommer". Der Film veranlasst mich, die heutige Stunde mit dem Thema „Tod" zu gestalten, was wir ja schon lange vorhatten. Heute bin ich dazu bereit und in der Lage.

Was ist das Besondere des Filmes?

Die liebevolle Art, wie der Tod eines Großvaters von den Enkelkindern begleitet wird. Ein sanftes und friedvolles Sterben, die Erkenntnis, dass es einen Moment gibt, in welchem du dankbar bereit bist zu „gehen", weil du das Wichtigste getan hast. Der alte Mann, der an Krebs sterben muss, hat sich mit dem Gedanken vertraut gemacht, dass er sterben wird und deshalb den Tod zu seinem Lebensgefährten erwählt.

Ich bin offensichtlich ähnlich wie du der Ansicht, dass der Gedanke an den Tod zu einem persönlichen Wachstum führt. Wir sollten lernen, dass Tod und Leben immer zusammenhängen und sich gegenseitig bedingen. Früher dachte ich, dass der Tod und die Angst in ähnlicher Weise zusammenhängen.

Auch das negiert der alte Mann. Er hat keine Angst. Der Tod rettet ihn und – nebenbei bemerkt – auch die Familie des alten Mannes. Der Tod hat ihm die Möglichkeit gegeben, authentisch und weise zu leben.

Das bedeutet also: wenn wir den Tod verleugnen und verdrängen, verleugnen wir unsere Existenz und berauben uns einer wichtigen Erfahrung. Denk an Tolstojs „Krieg und Frieden", wo der Protagonist Pierre erkennt, dass der Todesgedanke ein Menschen**leben** schaffen kann, weil wertvolle Beziehungen gelebt werden können, weil man sich sinnvoll beschäftigt. Letztlich wage ich die These: wenn du gut und sinnvoll gelebt hast, dann kannst du auch gut sterben.

Im Umkehrschluss also: wenn du nicht gut gelebt hast, dann stirbst du auch elendiglich. Was erzählst du denn Menschen, die wegen ihrer Krebserkrankung sterben müssen?

Ich erzähle ihnen meine Erkenntnisse mit anderen Krebspatienten, berichte von Aussagen, die die akut Betroffenen in der Regel froh machen. Ich erwähne auch, dass es nicht-chemische Placebos gibt, wenn du dich anders programmierst. Da gibt es Berichte von einer neuen Hoffnung – also keine Hoffnung auf die Heilung selbst, sondern über ein zweckvolles Leben, über kleine Wunder wie einen Buntspecht im Garten zu entdecken. Ein Mitgefühl für die Schmerzen der anderen zu empfinden. Die Fähigkeit, den Augenblick zu leben und dass es im Leben Schöneres und Sinnvolleres zu tun gibt, als dessen Lauf zu beschleunigen.

Das Wissen um den Tod, den baldigen Tod, kann in der Tat zu einem inneren Wachstum führen, weil du neue Prioritäten setzt. Weil du manche Dinge nicht mehr tun musst und vor allem, dass du weniger Angst hast. Es gibt nämlich auch das Wissen, dass jederzeit ein gutes Leben vor dem Tode möglich ist.

Gilt das nach deiner Erfahrung auch für junge Menschen?

Ja, ich glaube, das gilt auch für junge Menschen. In wundervoller Weise gibt es bei den Brüdern Grimm ein Märchen über den Tod eines jungen Menschen, das positiv ist. Ich erzähle es dir:

> Es war einmal ein armer, alter Mann, der 12 Kinder hat, als ihm das 13. – ein Junge – geboren wird. Da die gesamte Verwandtschaft und Bekanntschaft schon als Paten (damals sagte man zu Paten auch „Gevatter") aufgebraucht war, rennt der alte Mann in seiner Not auf die Straße, um den Erstbesten zu bitten, der Gevatter oder Patenonkel seines Sohnes zu werden. Es scheint, der alte Mann hat Glück bei seiner Suche, denn der erste, dem er begegnet, das ist der liebe Gott. Den braucht er noch nicht einmal zu bitten, denn Gott bietet sich von selbst an, der Patenonkel des 13. Kindes zu werden. Doch, höre und staune, der alte Mann lehnt das Angebot Gottes mit den Worten ab: „Du nicht, denn du gibst den Reichen und nimmst den Armen!"
>
> Aufgrund dieser Aussage wurde das Märchen lange Zeit verboten. Die Brüder Grimm versuchten, das Märchen

zu retten und fügten eine Szene mit dem Teufel ein, der sich mit all seinen Möglichkeiten, Reichtum, Wohlstand etc. anbietet, aber auch vom alten Mann abgewiesen wird, weil der Teufel nicht auf seine Bedingung verzichten will, dass der Junge sein Leben lang darauf verzichten muss, zum Augenblick zu sagen, er möge doch verweilen, er sei so schön.

Steht es so im Märchen?

Nein, diese Szene steht so nicht im Märchen, aber ich habe ihn aus guten Gründen ergänzt. Du wirst es bemerken und bejahen. Nun gut.

Der Tod kommt nun ins Spiel, wobei der alte Mann den Tod anspricht, dass er der geeignete Gevatter sei, denn er sei gerecht, weil er den Reichen wie den Armen hole. Und so bekommt das Kind den Tod zum Patenonkel.

Wir alle bekommen den Tod zum Patenonkel, nur wollen wir das nicht wahrhaben, dass der Tod ungebeten als dritter Taufpate am Taufbecken steht. Erzähle bitte weiter.

Der Junge wächst zu einem prächtigen jungen Mann heran. Eines Tages wird ihm mitgeteilt, er möge sich in den Wald begeben, denn dort warte der Tod, um ihm endlich das Patengeschenk zu übergeben. Im Wald wartet eine schöne Frau auf ihn.

„Wer bist du?", fragt der Jüngling.

„Ich bin der Tod", antwortet die Frau und fügt hinzu: „Mich gibt es in vielerlei Gestalt. Nun komm, ich möchte dir dein Patengeschenk überreichen." Sie tritt näher berührt seine Augen und spricht: „Hiermit mache ich dich zum berühmtesten Arzt der Welt."

„Mich? Ich bin doch kein studierter Mann, habe nur mit Mühen die Volksschule geschafft."

„Du brauchst keine Volksschule und auch kein Studium, um ein guter Arzt zu werden. Was du brauchst sind deine Augen, sehen was da ist und nicht das, was in den Büchern steht."

Wie wahr! Wie oft verliert ein Patient sein Gesicht, vertraut nicht mehr seinen Empfindungen und Wahrnehmungen ob der Macht der Ärzte. Ärzte reden oft zu wenig. Dabei ist oft Reden Gold und Schweigen ein krankmachendes Blei, übrigens auch in Beziehungen. Erzähle bitte weiter.

Der junge Mann wird innerhalb kürzester Zeit tatsächlich der beste Arzt der Welt, denn er irrt sich nie. Weil er gehört hat, er muss nur hinschauen, wenn er zu einem Sterbenden gerufen wird, kann er sehen, wo der Tod steht. Steht er am Fußende, dann stirbt er Mensch; steht er am Kopfende, dann wird der überleben.

„Nur du kannst das sehen, niemand anders sonst. Du wirst dich nie irren, und das wird deinen Ruhm ins Unendliche vermehren. Allerdings gibt es eine Bedingung:

Du darfst mich nie betrügen. Versprichst du mir das?“, hat die Frau ihm vermittelt.

Das verspricht er leichten Herzens – und er wird sich irren.

Ja, weil du dich bei einem Versprechen leicht versprichst, am Traualtar wie gesagt.

Eines Tages wird der junge Mann in den Königspalast gerufen. Der König liegt im Sterben. Der Arzt sieht es sofort, will es verkünden, dass er in diesem Fall nichts machen kann – als plötzlich des Königs Tochter an das Sterbebett tritt und den Arzt flehend und bittend anschaut. Da fällt die Liebe wie ein sanfter Regen nach einer Dürrezeit in das Herz des Arztes. Er bückt sich und reißt das Bett um 180 Grad herum. Der Tod steht nunmehr am Kopfende – und der König lebt. Die Prinzessin ist voller Dankbarkeit.

Da kommt der Tod und herrscht barsch den Arzt an: „Du hast dein Versprechen gebrochen. Wenn du das noch einmal machst, bist du fällig!“

Der Arzt verspricht erneut, den Tod nicht mehr zu betrügen. Monate später wird der Arzt wieder in den Königspalast gerufen. Dieses Mal ist es die geliebte Prinzessin, die auf dem Sterbebett liegt. Der Tod steht am Fußende. Sie ist des Todes. Aber sie darf doch nicht sterben! Der junge Mann ist erschrocken. Er muss sie retten. Er bückt sich, hebt die Sterbende auf, bettet sie in seine Arme und wirbelt sie um 180 Grad herum. Sie lebt und lächelt den Arzt liebevoll und dankbar an. Das ist das letzte, was er von dieser Welt sieht, denn nun kommt der Tod und packt ihn mit harter Hand.

„Du hast dein Versprechen gebrochen! Nun bist du dran."

Er führt ihn in ein unterirdisches Reich. Tausende und Abertausende von Kerzen brennen dort, große wie kleine.

„Das sind die Lebenslichter der Menschen", spricht der Tod.

„Wo ist bitte meines?", fragt der Arzt.

„Das ist jenes dort", deutet der Tod auf ein Lichtlein, das gerade ausgehen will.

„Das geht ja gleich aus!", schreit der junge Mann. „Was muss man tun, damit es weiter brennt?"

„Dann musst du ein neues auf ein altes tun", antwortet der Tod.

„Dann tu es bitte!"

Der Tod tut so, als täte er es und stürzt die kleine Kerze um. Sie erlischt. Der Arzt fällt zu Boden.

Ich habe verstanden, was du mit dem Märchen sagen möchtest, nämlich dass der junge Mann, dessen Kerze ja nicht länger war, viel aus seinem kurzen Leben gemacht hat: ungebildet wie er war, hat er um der Liebe willen zwei Menschen vom Tod ins Leben gebracht. Ein solches Ende, so betrüblich es für den jungen Mann ist, hatte Erfolg. So gesehen kann das Märchen unsere Angst besiegen, kann sie in Furcht umwandeln, wie unser geschätzter Kierkegaard schon schrieb. Das Leben des Patenkindes hatte Sinn. Den Tod kannst du nicht vermeiden, das Leben vor dem Tod jedoch sinnvoll gestalten. Und was die Armut betrifft: arm bist du, wenn du Angst hast, dass dein Leben bedeutungslos bleibt. Mich erfreut der alte Mann, der Vater des Jungen, der zweimal Nein gesagt hat, weil er nicht Ja sagen wollte, wie es so viele Menschen in einer solchen Lage angesichts der Angebote von Gott und dem Teufel getan hätten.

Mein Freund, das stimmt. Gott, so es ihn oder sie denn gibt, ist weiter als wir denken können. In diesem Zusammenhang möchte ich dir einen Witz über Gott erzählen, den mir eine Nonne im Krankenhaus von New York erzählt hat: Wider Erwarten überlebt eine Frau den Tod, nachdem sie schon für tot erklärt wurde. Sie ist also aus dem Totenreich zurückgekommen. Sie wird, nachdem sie das Bewusstsein wiedererlangt hat, gefragt, ob sie Gott gesehen habe. Ihre Antwort lautete: „Yes, she is black." Und was den Tod betrifft: es gibt auch den Tod mitten im Leben. Dazu erzähle ich dir später eine weitere Geschichte.

Auch der Tod kann etwas Positives bewirken, nämlich, dass die Erkenntnis „Ich muss oder darf sterben." zu einem sinnvollen Leben führen kann, weil es den Wert des Lebens fühlbar macht, wie Wilhelm Schmid[18] schreibt.

18 Wilhelm Schmid. Dem Leben Sinn geben, Suhrkamp.

Der Aussteiger im Wald und die alte Frau

In diesem Kapitel erfahren Sie, dass es ohne den Tod kein (sinnvolles) Leben gibt. Sterben Sie also und werden Sie. Sterben Sie, nachdem Sie gelebt haben.

Es gibt Menschen, denen das Leben zum Grab wird. Menschen, mit denen wir nichts zu tun haben wollen, weil wir Angst vor ihnen haben. Peter legte ein Verhalten an den Tag, das uns befremdet, sodass wir nichts mit ihm zu tun haben möchten, weil er uns Furcht einflößt. Wir als Therapeuten und die Klugen unter uns wissen, dass ein solches Verhalten eine Botschaft ist und er uns mitteilen möchte, dass er unter sich selbst leidet.

> Peter bewohnt eine Höhle in einem kleinen Wäldchen. Er lebt an einem Ort, wo es kein Gesellschaftsleben mehr gibt. Er fühlte sich den Toten offenbar verbundener als den Lebenden. Er hat einen kleinen Friedhof für überfahrene Hunde, Katzen und Vögel angelegt. Da es keine sozialen Kontakte gibt, kann er auch jenen wichtigen Lernprozess nicht erleben, den wir soziales Lernen nennen. Weder Billigung noch Missbilligung erfährt er, weil er die Menschen meidet und sie ihn. Er kann sich nicht heilen, kann sich nicht selbst befreien, weil er allein ist und damit in schlechter Gesellschaft. Er ist ein „Untoter", verzweifelt darüber, dass er nur noch den Tod vor sich sieht und dennoch irgendwie leben muss. Sein einziger Wunsch besteht wohl darin, sterben zu können.

Er hat diesen Wunsch, weiß aber nicht, wie er das Gewünschte erreichen kann.

Peter leidet nicht nur an sich selbst, sondern an den Menschen, die ihn wie einen Besessenen behandeln. Das vergrößert sein Misstrauen den Menschen gegenüber noch mehr. Da gibt es zwar von offizieller Seite ein paar Hilfsangebote, und einige wollen ihm helfen, wenn sie ihn zufällig vor dem Supermarkt sehen. Er lehnt alles ab und verstärkt seine Kontaktabwehr nur noch. Selbst die, die ihm etwas zustecken, betrachtet Peter als Freiheitsräuber und Feinde, weil sie Bedingungen zu formulieren scheinen. Was sie sagen, hört er gar nicht, will es nicht hören: „Ich helfe dir, aber dann musst du wenigstens …" Nein, gegen solche Zumutungen muss er seine Freiheit bis zum Äußersten verteidigen.

Aber eines Tages ist da die alte Frau, die ihn beim Beerenpflücken im Wald trifft. Sie bleibt stehen, rennt nicht davon, wie es die meisten tun, wenn sie ihm begegnen. Sie bleibt also stehen, lächelt ihm zu und bietet sich an, ihm beim Pflücken zu helfen. Später berichtet Peter, wie er sie angefleht hat, ihm nicht zu helfen. Sie soll ihn in Ruhe lassen und ihn nicht quälen.

Mein Freund, das wissen wir, nicht wahr: Menschen haben Angst vor einer heilenden Begegnung und bleiben dadurch krank. Vermutlich wusste Peter, dass sein Absondern ihn krank gemacht hat. Vielleicht wusste er auch schon vor der Begegnung mit der alten Frau im Wald, dass die Begegnung mit ihr ihn retten könnte. Und deswegen ist er auch nicht weggerannt. Warum hat er nicht wie sonst die Flucht ergriffen? Später erklärte er mir das mit diesen Worten: „Sie fragte mich: Wer bist du? Mit diesen Worten begrüßte sie mich. Ich musste weinen und erzählte ihr alles, was an Schmerzen in meinem Inneren war, auch meine Fehler und Fluchten. Danach haben wir zusammen Beeren gepflückt. Wir saßen auf einem Baumstamm und aßen von den Früchten des Waldes. Einmal, als sie von sich und ihrem Leben erzählte, musste ich lachen. Ich kann mich nicht erinnern, wann ich das letzte Mal gelacht habe. Es tat so gut. Auf einmal stand sie auf, murmelte etwas vor sich hin. Ich dachte, sie müsse Wasser lassen. Aber sie kam nicht mehr zurück. Ich weiß nicht, wer sie ist. Ich habe sie nie wieder gesehen."

Irgendwo habe ich gelesen, dass eine befreite Seele im Zauberkreis der Sternennacht schweben will.

Ja, Peter hat wohl einen Menschen gefunden, der „Guten Tag" sagt und „Guten Tag" meint. Manchmal muss man etwas in uns sterben lassen, damit Neues geboren werden kann, weil das die Basis des Vertrauens ist. Wir alle haben nämlich unseren Hunger, nicht nur nach Brot und Wein oder nach Zufriedenheit oder Geborgenheit, sondern auch nach Vertrauen.

Jeder Marathon beginnt mit dem ersten Kilometer.

Mobbing hat viele Masken. Jedes Mobbing ist schmerzhaft und schädlich – mit ungeahnten Folgen.

Einige Masken des Mobbings

In diesem Kapitel erfahren Sie, dass Mobbing nicht nur Mitarbeiter, Kollegen oder Mitschüler betrifft, sondern auch Chefs und Partner.

Vorgestern kam ein Mann in meine Sprechstunde, begann mit dem Satz „Ich bin dankbar, dass Sie noch therapieren." und nannte mir sein Problem.

Es ist selten, dass Patienten ihre Dankbarkeit verbalisieren. Um was ging es bei ihm?

Er, Besitzer einer großen Apotheke, ein Chef also, sagte, dass er sich von seinen Mitarbeitern gemobbt fühle und darunter leide. Ich bat ihn zu berichten:

> „Er wirkt so harmlos. Bis vor kurzem war er noch einer meiner Lehrlinge. Freundlich, höflich, entgegenkommend ist er. Harmlos, aber auch irgendwie heimtükkisch, als wolle er sich nicht so zeigen, wie er wirklich ist, als liebte er es, nicht aufzufallen. Dadurch gewann er Macht, gewann das Vertrauen der anderen Mitarbeiter, vor allem der Mitarbeiterinnen. Dadurch weiß er mehr als ich, was das Leben in der Firma betrifft. Ich fühle mich von ihm gemobbt, weil ich mich ausgeschlossen fühle. Als ich – als Chef –einmal einen unbedeutenden Fehler machte, hörte ich durch Zufall (ich befand mich gerade im Lager), wie dieser scheinbar so loyale Mitarbeiter jemandem sagte: ‚Der (er meinte mich) hat

doch studiert! Da kannste einmal sehen, dass ein Studium nichts taugt im Alltag.' Da ich heimlich das Gespräch gehört hatte, konnte ich ihn nicht zur Rede stellen."

„Konnten Sie das nicht, oder wollten Sie das nicht?", fragte ich ihn.

„Ich konnte es nicht und ich wollte es nicht. Fragen Sie bitte nicht, warum."

„Hat denn der ehemalige Lehrling selbst studiert? Nein, er hat noch nicht einmal das Abitur."

„Solche Menschen sind oft mit einem Komplex behaftet, weil sie ihr fehlendes Studium als Mangel betrachten, was zu Minderwertigkeitsgefühlen führen kann und auch zu einer latenten Form von Aggressivität."

„Das glaube ich Ihnen, aber ich konnte nicht gelassen bleiben. Ich leide, und deswegen bin ich hier bei Ihnen."

„Was stört Sie denn noch bei ihm?"

„Von Anfang an – er war damals noch Praktikant und ich sein Chef – irritierte er mich. Er konnte reden, diskutieren, war übereifrig, übernahm freiwillig Arbeiten und hatte ein Selbstbewusstsein, das mir wohl zeigen sollte, wie tüchtig und kompetent er war. Mir schien, dass er mir zeigen wollte, wie kompetent er im Gegensatz zu mir war."

„War er kompetenter als Sie oder haben Sie das nur vermutet, dass er seine Kompetenz zeigen wollte, damit Sie sich klein fühlen?“

„Ja, genau das dachte ich und empfand es auch so. Ich, der Chef, fühlte mich von ihm kritisiert. In Diskussionen hatte er oft die perfekte Lösung für ein Firmenproblem. Er wirkte so frei und so sympathisch. Wobei er letztendlich für seine Vorschläge keine Verantwortung in der Realität des Geschehens in der Firma übernehmen musste. Was soll ich dagegen nur tun?“

„Wir müssen an Ihrem Selbstbewusstsein arbeiten. Und in der konkreten Situation machen Sie ihm freundlich klar, dass es um die Sache geht und nicht um Selbstdarstellung. In freundlicher Art sollten Sie das durchaus im Team vor den anderen in seiner Anwesenheit machen.“

„Das kann ich nicht. Er wäre dann gekränkt.“

„Also sind lieber Sie gekränkt und leiden, Sie und die Firma? Erleichtern Sie sich! Und den Satz: „Das kann ich nicht.“ verändern Sie bitte in Zukunft durch das Wörtchen „noch“.“

„Es gibt aber noch etwas, das mich belastet. Ich vermute nämlich, dass er Gerüchte über eine heimliche Liebschaft von mir streut. Nur ihm traue ich zu, dass er der Verursacher dieser Gerüchte ist. Sogar meine eigene Frau spricht mich darauf an, was man im Betrieb über mich und meine Liebschaft munkelt. Was soll ich nur dagegen tun?"

„Sprechen Sie das Thema in Anwesenheit aller an und beginnen Sie die Rede mit ***ich***, zum Beispiel: ‚Ich habe vernommen, dass hinter meinem Rücken über eine Liebschaft/Beziehung mit x gemunkelt wird. Ich verbitte mir das auch deshalb, weil es nicht stimmt und weil meine Frau darunter leidet.' Übrigens: mir scheint, dass Sie in Ihrer Ehe ein Problem haben, Sie und auch Ihr Selbstwertgefühl. Darüber sollten wir reden und weitere Strategien erörtern, damit Sie nicht weiter unter einem Mobbing leiden, das Sie leicht verhindern könnten."

„Ja, das werden wir machen. Und was meine Frau betrifft: sie leidet nicht nur wegen dieses ominösen Gerüchtes einer Liebschaft in der Firma, sondern weil sie kein Kind bekommt. Sie hat mich für die Unfruchtbarkeit beschuldigt, ich habe mich untersuchen lassen, aber bei mir ist alles in Ordnung, Spermien-Anzahl und so weiter."

Die Angst ist ein Vielfraß: erst frisst sie die Seele, dann den Geist und schließlich den Körper. Die Angst zu besiegen, ist möglich, denn wir haben immer eine Wahl zum Beispiel, uns grenzenlos selbst zu lieben.

Der verhexte Schoß

Sie erfahren in diesem Kapitel, dass Druck zu vielfältigen Formen der Unfruchtbarkeit führt – nicht nur bei sexuellen Problemen.

Du wirst staunen, dass diese letzte Geschichte von dir handelt, obwohl du wahrlich keine schwangere Frau bist:

> Sie kam tatsächlich in meine Sprechstunde. Das Thema Liebschaft war vom Tisch. Sie berichtete von diversen Versuchen, schwanger zu werden. Aber auch bei ihr war rein gynäkologisch gesehen alles in Ordnung. Am Schluss der Stunde meinte sie mit trauriger Miene: „Mein Schoß ist verhext."
>
> Darauf hin bat ich sie, zur nächsten Stunde ein Bild ihres verhexten Schoßes zu malen.
>
> Wütend kam sie beim nächsten Termin in mein Zimmer und warf mir ein Bild ihres Schoßes (mit Wachsmalkreide grob dargestellt) zu.
>
> „Das ist mein verhexter Schoß. Als ich es gemalt habe, konnte ich in der Nacht nicht schlafen. Von meinem Schoß habe ich geträumt. Im Schoß war ein Ungeheuer, das kam heraus und fraß mich auf."
>
> Ich blieb ruhig und frage sie: „Von wo haben Sie die Farben, mit denen Sie das Bild gemalt haben?"

„Aus dem Kinderzimmer."

„Aus welchem Kinderzimmer, bitte schön? Sie haben doch keine Kinder."

„Nein, wir haben keine Kinder, aber wir haben neu gebaut und dabei auch ein Kinderzimmer eingerichtet mit Möbeln, einem Kinderschreibtisch und Malutensilien."

Ich schaute sie an und sagte: „Sie setzen sich mächtig unter Druck. Jeden Tag sehen Sie ein Kinderzimmer ohne das gewünschte Kind, sehen all die Utensilien eines Kindes. Mauern Sie die Tür zu. Laufen Sie blicklos an dem Zimmer vorbei. Wenn bei Ihnen und Ihrem Mann biologisch alles in Ordnung ist und Sie den Druck reduzieren, unbedingt jetzt ein Kind bekommen zu müssen, dann werden Sie ganz natürlich schwanger werden."

Wochen später erhielt ich von ihr einen Anruf, sie wäre schwanger. Zwei Jahre später hörte ich am Telefon erneut von ihr. Im Hintergrund Kindergeschrei und das Klirren von zerbrochenem Glas.

„Ja, das war mein Sohn. Dieses Ungeheuer. Manchmal glaube ich, der frisst mich mit seiner Energie auf."

„Nun denn, immerhin sind Sie bestens vorbereitet, denn schließlich haben Sie damals schon von ihm als Ungeheuer, das Sie auffrisst, geträumt."

Übrigens rief sie an, weil sie mir mitteilen wollte, dass sie erneut schwanger sei.

Denken Sie bitte in solchen Situationen an eine Blume, die gerade aus dem Boden heraussprießt. Sie wächst nicht schneller, wenn Sie an ihr ziehen.

Wut, Scham und Stolz

In diesem Kapitel erfahren Sie, was es mit fehlenden und doch so wichtigen Emotionen auf sich hat.

Ich wünschte mir immer noch so sehr zu wissen, was mich quält, was mir fehlt. Mir scheint, ich bin mein Feind, obwohl ich doch so klug bin (zumindest sagen das „meine" Leute). Ich finde den Grund für mein Unbehagen nicht. Das macht mich wütend.

Endlich kommt das Schlüsselwort: Wut! In diesem Falle ist dein Feind – die Wut – sogar dein Freund. Von unseren früheren Gesprächen weiß ich, dass du allen Grund hast, wütend zu sein. Nur hast du es dir bisher nicht zugestanden, wütend und aggressiv zu sein. Vermutlich, weil es nicht in dein Bild von dir selbst passt. Dieses Bild von dir musst du verschwinden lassen.

Mein Freund, in der Tat kann ich manches, was mich wütend macht, nicht vergessen. Ich verdränge es.

Dann hat es einen Sinn, dass du es nicht kannst.

Früher habe ich versucht, diese mich wütend machenden Gedanken mit Alkohol zu vertreiben. Offensichtlich jedoch lassen sie sich auch dadurch nicht vertreiben, auch nicht mit meinem Marathon-Laufen.

Die Therapie einer Wut – die Eigentherapie einer Wut, die nicht heraus kann, weil du selbst es verhinderst – ist eine Kunst, die viel Können und Mut erfordert.

Ich habe gedacht, dass mein Leid es wert ist, nicht ans Licht zu kommen.

Eines, mein Lieber, steht fest: da es dir schlecht geht, hast du eine Seele. Wenn du nun auch noch deine Wut und damit deinen Schmerz verlierst, bleibt dennoch oft das Vergnügen des reinen Seins. Also dann endlich jetzt: Glück hängt nicht davon ab, dass alles gleich bleibt.

Sprich weiter, bitte.

Ich erinnere dich an eine unserer Lieblingserzählungen: „Der alte Mann und das Meer". Santiago, der Fischer, hätte allen Grund, wütend zu sein. Vierundachtzig Tage fuhr er vergeblich mit seinem alten Boot aufs Meer, vierundachtzig Tage klang erduldete er das Gespött der anderen Fischer und wurde nicht wütend. Als er dann spürte, dass ein großer Fisch anbiss, ein so großer, den noch nie jemand gefangen hatte, da kämpfte er mit blutenden Händen einen Tag und eine Nacht mit dem Fisch und verlor, verlor beinahe sein Leben. Der alte Mann jammerte nicht, blieb friedvoll und glücklich. Er hatte eine Niederlage erlitten und wurde nicht wütend.

Aber vielleicht hatte er sich geschämt.

Davon schreibt Hemingway nichts. Ich vermute allerdings, du hast deine Wut deshalb nicht nach außen getragen, weil du dich geschämt hast, dass ein so kluger Mann wie du in die Liebesfalle der Liebe geraten ist. Niemand sollte erfahren, dass du dich geirrt hast. Es ist jedoch menschlich, sich zu irren und darüber zornig und wütend zu sein. Besser jedoch: sei stolz, dass du trotz deiner negativen Erfahrungen in der Liebe ein so wunderbarer Mensch und Therapeut geworden bist.

Wut ist oft Schmerzhaft, aber auch heilsam wenn sie dich und den anderen nicht vernichtet.